VIDA EM HARMONIA

Editora Appris Ltda.
1.ª Edição - Copyright© 2020 dos autores
Direitos de Edição Reservados à Editora Appris Ltda.

Nenhuma parte desta obra poderá ser utilizada indevidamente, sem estar de acordo com a Lei n° 9.610/98. Se incorreções forem encontradas, serão de exclusiva responsabilidade de seus organizadores. Foi realizado o Depósito Legal na Fundação Biblioteca Nacional, de acordo com as Leis nos 10.994, de 14/12/2004, e 12.192, de 14/01/2010.

Catalogação na Fonte
Elaborado por: Josefina A. S. Guedes
Bibliotecária CRB 9/870

Z871v
2020

Zonatto, Reneu
Vida em harmonia / Reneu Zonatto. - 1. ed. – Curitiba : Appris, 2020.
97 p. ; 21 cm. – (Literatura).

Inclui bibliografias
ISBN 978-65-5820-200-4

1. Filosofia oriental. 2. Ioga. 3.Saúde mental. I. Título. II. Série.

CDD – 181

Livro de acordo com a normalização técnica da ABNT

Appris editora

Editora e Livraria Appris Ltda.
Av. Manoel Ribas, 2265 – Mercês
Curitiba/PR – CEP: 80810-002
Tel. (41) 3156 - 4731
www.editoraappris.com.br

Printed in Brazil
Impresso no Brasil

Reneu Zonatto

VIDA EM HARMONIA

FICHA TÉCNICA

EDITORIAL	Augusto V. de A. Coelho
	Marli Caetano
	Sara C. de Andrade Coelho
COMITÊ EDITORIAL	Andréa Barbosa Gouveia (UFPR)
	Jacques de Lima Ferreira (UP)
	Marilda Aparecida Behrens (PUCPR)
	Ana El Achkar (UNIVERSO/RJ)
	Conrado Moreira Mendes (PUC-MG)
	Eliete Correia dos Santos (UEPB)
	Fabiano Santos (UERJ/IESP)
	Francinete Fernandes de Sousa (UEPB)
	Francisco Carlos Duarte (PUCPR)
	Francisco de Assis (Fiam-Faam, SP, Brasil)
	Juliana Reichert Assunção Tonelli (UEL)
	Maria Aparecida Barbosa (USP)
	Maria Helena Zamora (PUC-Rio)
	Maria Margarida de Andrade (Umack)
	Roque Ismael da Costa Güllich (UFFS)
	Toni Reis (UFPR)
	Valdomiro de Oliveira (UFPR)
	Valério Brusamolin (IFPR)
ASSESSORIA EDITORIAL	Alana Cabra
REVISÃO	Andrea Bassoto Gatto
PRODUÇÃO EDITORIAL	Lucielli Trevizan
DIAGRAMAÇÃO	Danielle Paulino
CAPA	Eneo Lage
COMUNICAÇÃO	Carlos Eduardo Pereira
	Débora Nazário
	Kananda Ferreira
	Karla Pipolo Olegário
LIVRARIAS E EVENTOS	Estevão Misael
GERÊNCIA DE FINANÇAS	Selma Maria Fernandes do Valle
COORDENADORA COMERCIAL	Silvana Vicente

*Dedico esta obra a minha doce e amada esposa,
Susana Sbrogio' Galia.*

PREFÁCIO

Ao unir Yoga e Ayurveda no mesmo cálice, Reneu Zonatto oferece um verdadeiro néctar para os que buscam a evolução humana. O Ayurveda, sem o Yoga, não alçaria voos tão altos na conexão corpo-mente-espírito; sem o Ayurveda, a Ciência da Vida, o Yoga careceria de solo firme para trabalhar na plenitude de nossa existência. O conceito de Gunas Mentais – Sattva, Rajas e Tamas – é um grande exemplo da conexão entre o Yoga e o Ayurveda. O Samkhya, filosofia milenar que fundamenta o Ayurveda, revela que esses três Gunas surgem em uma dimensão imaterial para dar origem à manifestação do Eu individual, antes e acima da formação dos Doshas – os governantes do complexo mente-corpo. Em seu texto, Reneu lembra-nos de que é de vital importância compreendermos que "tudo o que se apresenta em nosso corpo, tem origem em nossa mente". De fato, os Gunas Mentais exercem uma ação determinante sobre o funcionamento dos Doshas e sobre a capacidade de harmonização do processo saúde-doença, donde podemos depreender que o campo das emoções, da personalidade e das disposições do Espírito é a fonte mais pura e original da promoção de saúde, bem-estar e felicidade do ser humano. É disso que trata *Vida em harmonia*, obra sintética e prática que reúne os 10 anos de estudos e vivências do autor enquanto professor e terapeuta e que vem à luz com o objetivo de nos auxiliar a atingir o nosso melhor potencial na realização do Dharma, de modo a cumprirmos com alegria e vitalidade os mais altos objetivos da nossa existência.

Doutor Danilo Maciel Carneiro

Médico, especialista em Medicina Preventiva e Social/Medicina Geral e Comunitária e em Homeopatia e Acupuntura. Autor dos livros Ayurveda – saúde e longevidade (2007), Ayurveda – saúde e longevidade na tradição milenar da Índia (2009) e A verdadeira história de Dorys Leine (2016). Coautor do livro Essência da saúde – plantas medicinais e alimentação (2014). Médico clínico na área de Homeopatia e Medicina Preventiva com inscrição regular no Conselhos Regionais de Medicina de Goiás (CRM 4644), Distrito Federal (CRM 13080) e São Paulo (CRM 190.240).

APRESENTAÇÃO

Este livro traz uma explanação direta e objetiva sobre as questões que mais afligem o ser humano atual: a ansiedade, o medo, a instabilidade emocional, a pressão social e afetiva, além das cobranças profissionais. Trata-se de análise fruto de 10 anos de estudo da filosofia oriental, trabalho com grupos e atendimentos particulares a pessoas de várias faixas etárias. Na grande maioria dos casos, constatava-se o impasse existencial para conciliar interação social e realização pessoal, em consequência da ausência de autoconhecimento, que impede a observância do Dharma e a vida em plenitude.

Quanto ao ponto, a abordagem de questões existenciais nunca foi tarefa fácil, sobretudo no contexto da cultura ocidental. Por isso, propõe-se, aqui, uma visão diferenciada sobre o tema, envolvendo material compilado após longo período de estudos e leituras acerca de aspectos relevantes da cultura oriental, que resultaram em artigos, cursos e palestras ministradas pelo Yoga Mahadeva.

Para facilitar a compreensão do tema, o livro foi estruturado em dois segmentos. O primeiro, para melhor conduzir o leitor na senda do autoconhecimento, versa sobre aspectos gerais do Ayurveda, demonstrando o caminho percorrido pela energia até a formação da matéria na visão hinduísta. Isto é, analisa-se de que forma o sutil converte-se em matéria densa para formar cada Ser, que é único em sua particular constituição física, mental e emocional.

O Ayurveda, tradição da antiga Índia que sistematiza o conhecimento da vida, auxilia no processo de autoconhecimento, por meio da compreensão holística da nossa constituição existencial, desde os aspectos mais densos aos mais sutis.

No segundo segmento desta obra, discorre-se sobre o caminho inverso – da matéria densa ao plano sutil – por meio dos ensinamentos milenares do Yoga, que incluem técnicas de concentração, controle da respiração, cantos e adoração ritual, de origens tão antigas quanto a própria humanidade. Essas técnicas permitem transcender a condição humana puramente física, para além da consciência, da personalidade e do ego. Identifica-se o que conduz à alteração dos padrões mentais do indivíduo, oportunizando desenvolver ferramentas mentais para uma vida melhor.

Por essa forma, supera-se a cisão provocada no desenvolvimento da personalidade, decorrente do processo de condicionamento social, sem que haja a necessidade de ruptura com o sistema. Isso porque Yoga é união ou unidade, pois o Eu Individual estaria separado do seu fundamento transcendente e unitário de toda a existência, ou seja, do Absoluto ou Brahman.

Assim, somente no movimento gerado pelo autoconhecimento, que envolve a consciência da nossa natureza única e dos caminhos que nos reconduzem à percepção do sutil, podemos chegar ao equilíbrio e à vida em harmonia.

Os anos passam e o ser humano permanece padecendo das aflições decorrentes da sua jornada existencial. Isso fez surgir o desejo, como terapeuta e professor, de transmitir os conhecimentos milenares da filosofia do Yoga e do Ayurveda numa linguagem direta e, principalmente, adaptada à nossa realidade sociocultural, por acreditar que somente respeitando a natureza individual o ser humano desenvolverá a plenitude das suas potencialidades. Observa-se a vida sem dogmas, renúncias e restrições.

SUMÁRIO

INTRODUÇÃO
HARMONIA E AUTOCONHECIMENTO: O RETORNO À UNIDADE 13

LIVRO I
AUTOCONHECIMENTO – DO SUTIL À MATÉRIA 19
   1. Eu e o invisível – O caminho da matéria 19
   1.1 Gunas 26
   1.2 Sentidos e ações 29
   1.3 Pilares para manutenção da saúde mental, física e emocional. 31
   1.4 Os princípios do potencial humano – o caminho para o sutil 41

LIVRO II
A UNIÃO – O RETORNO DO DENSO AO SUTIL 47
   2.1 YOGA: união, movimento e transformação. 47
   2.2 Yamas e Nyamas: a purificação 49
      2.2.3 Yamas: 52
      2.2.4 Os *Nyamas* 57
   2.3 Técnicas do Yoga para uma vida em harmonia 60
      2.3.1. Reeducação respiratória *(Pranayamas)* 60
      2.3.2 *Asana* como estado de espírito 62
      2.3.3 *Asana* como postura física 63

LIVRO III
O MÉTODO: INLIFE – MÉTODO TERAPÊUTICO DE ANÁLISE INDIVIDUAL E INTERVENÇÃO AMPLA 71
   3.1 Yoga e Ayurveda para quê? Para quem? 71
   3.2 Samkyia – Ayurveda 72
   3.3 O conhecimento revelado 73
   3.4 Conhecimento experimentado 74

3.5 Anamnese Ayurveda InLIFE® 76
3.6 Plano de Terapia Ayurveda InLIFE® 77
3.8 Foco e disciplina 77
3.8 Resiliência 79
3.9 O *Dharma* e o método 80
3.10 Intervenção ampla e filosofia de vida 81
3.11 Alimentação 83
3.12 Filosofia da alimentação 84
3.13 A psicologia do Ayurveda InLIFE® 88
3.14 Tempo 90
3.15 Configuração do Ayurveda InLIFE® 93

CONCLUSÃO
AFORISMOS PARA UMA VIDA EM HARMONIA 95

REFERÊNCIAS 97

INTRODUÇÃO

HARMONIA E AUTOCONHECIMENTO: O RETORNO À UNIDADE

> *Na sala púrpura da cidade de Jade mora o deus da vitalidade e do vazio extremos.*
>
> *(Jung e Wilhelm)[1]*

A abordagem de questões existenciais nunca foi tarefa fácil, sobretudo, no contexto da cultura ocidental, não obstante se tenha avançado significativamente no campo do desenvolvimento da personalidade e das patologias de origem psicofísicas. Na prática, o estudo ocidental, tanto no campo da psicologia como da filosofia, concentra-se em processos analíticos e patológicos, ainda distantes de estimular o indivíduo na busca da sua realização pessoal.

Sentindo que ainda existem lacunas na abordagem tradicional, propõe-se, aqui, uma visão diferenciada sobre o tema, envolvendo material compilado após longo período de estudos e leituras acerca de aspectos relevantes da cultura oriental, que resultaram em artigos, cursos e palestras ministradas pelo Yoga Mahadeva.

A atual conjuntura sociocultural impõe ao indivíduo a necessidade de adequar-se a determinados padrões de conduta, gerando condicionamentos que conduzem à massificação e aos conflitos de identidade. Paralelamente, a dinâmica socioeconômica se intensifica com o incremento do acesso à informação, induzindo o indivíduo a almejar patamares de eficiência cada vez maiores para atender aos inúmeros compromissos. Tudo isso, agregado à concentração populacional e à estressante rotina das grandes cidades, traz a tensão

---

[1] JUNG, C. G.; WILHELM, R. *O segredo da flor de ouro*. Tradução de Dora Ferreira da Silva e Maria Luíza Appy. 12. ed. Petrópolis, RJ: Vozes, 2007, p. 98.

diária da reafirmação do espaço que cada qual ocupa, aumentando o estresse e a ansiedade, com alteração dos padrões hormonais, provocados pela hiperatividade das glândulas suprarrenais.

Contudo, salvo casos excepcionais, não é opção viável para a grande maioria da população simplesmente romper todos os seus vínculos. Nem a própria filosofia e cultura hinduísta pregavam nesse sentido. Apenas entendia-se que havia uma época própria para tanto, conforme eram delineadas as etapas de vida. Basta considerar o fato de contemplarem a existência de etapas da vida do indivíduo, compiladas em ciclos de vinte e cinco anos (*Ashrama*)[2], em que, primeiramente, ocorre uma formação psicossocial, em uma segunda etapa tem-se a dedicação à família, após a qual há um período para aprofundamento nos estudos filosóficos e processos de autoconhecimento. E, somente então, no quarto e último ciclo, o indivíduo prepara-se para uma vida mais introspectiva.

Então a alternativa para conciliar interação social com realização pessoal passa pelo autoconhecimento, por meio dos altos patamares de consciência e desenvolvimento mental alçados na prática do Yoga e Ayurveda.

O Ayurveda, tradição da antiga Índia que sistematiza o conhecimento da vida, auxilia no processo de autoconhecimento, por meio da compreensão holística da nossa constituição existencial, desde os aspectos mais densos aos mais sutis.

Os ensinamentos milenares do Yoga, por sua vez, incluem técnicas de concentração, controle da respiração, cantos e adoração ritual, emanados de aspiração tão antiga quanto a humanidade, residindo no desejo de transcender a condição humana puramente física, para além da consciência, da personalidade e do ego. A despeito do amplo

---

[2] Chaturvarnashrama-dharma: períodos de vida definidos por faixa etária, seguido em regra pelos homens das três castas superiores (brāhmaṇa, kṣatrya e vaiśya) (RAM, Dass. *Caminhos para Deus:* ensinamentos do Bhagavad Gita. Tradução de Ângela Machado. Revisão técnica de Álvaro Opperman. Rio de Janeiro: Nova Era, 2007).

espectro de ensinamentos compreendidos no Yoga,[3] importa-nos, aqui, identificar o que conduz à alteração dos padrões mentais do indivíduo, oportunizando-lhe desenvolver ferramentas mentais para uma vida melhor. E, nesse ínterim, o objetivo do Yoga é o estado psicofísico (e igualmente espiritual) resultante da prática da meditação.

Por essa forma, tem-se o caminho inverso à cisão provocada no desenvolvimento da personalidade, decorrente do processo de condicionamento social, sem que haja a necessidade de ruptura com o sistema. Isso porque Yoga é unidade: "União do 'eu individual' (*jiva-âtman*) com o Supremo 'Si Mesmo' (*parama-âtman*)", definição que atende ao pensamento do Vedanta – ramo da filosofia hindu[4]–, para o qual o Eu Individual estaria separado do seu fundamento transcendente e unitário de toda a existência, ou seja, do Absoluto ou Brahman.

Segundo os ensinamentos das Upanishads, o mundo multifacetado é uma emanação da realidade singular e transcendente. Assim, não obstante o Yoga Clássico afirme a existência de um dualismo entre matéria (*prakriti*) e Espírito (*purusha*), permanece a pretensão de distanciar-se daquilo que não constitui a natureza essencial de cada indivíduo. O processo consiste na subtração progressiva de aspectos da existência psicofísica, de modo a recuperar a verdadeira identidade do *yogin*, que se reconhece como centelha e vibra em sintonia com o todo maior transcendente.

Compreendendo aspectos comuns, tanto as escolas de metafísica dualistas como não dualistas entendem que a definição clássica de "união" do Eu Individual ou Transcendente pode ser concebida como o autoconhecimento que conduz ao reconhecimento da respectiva natureza ou essência humana individual e, dessa forma, permite o ser e o agir em harmonia com o todo maior. Assim sendo, segue o fluxo energético universal, pois harmonia é o estado que

---

[3] Notadamente, considerando que algumas formas de yoga têm características filosóficas, outras devocionais, não se pretende, aqui, uma ampla explanação teórica sobre as diferentes linhagens e escolas clássicas, realizando-se apenas as referências necessárias à contextualização do tema.

[4] Escola de metafísica não dualista ou advaita (FEUERSTEIN, George. *A tradição do yoga*: história, literatura, filosofia e prática. São Paulo: Editora Pensamento, 1998).

importa na coexistência de forças que se autocompensam dentro de um determinado sistema.

Da compreensão profunda e simples da existência humana pelo caminho da consciência do Si Mesmo (*Atman*)[5], advém o existir harmônico que afasta o sofrimento. Tal ocorre, porquanto a interpretação energética do sofrimento reside na noção habitual de estarmos presos ao corpo-mente, que nos impede de ver além do plano físico e denso. Essa postura corresponde ao estado de "ignorância", do qual a dor traduz-se como manifestação orgânica.

O Yoga e o Ayurveda nos ensinam a superar o sofrimento por meio do discernimento, que leva à compreensão profunda e simples da existência humana. Esse caminho passa pela noção de que tudo que se manifesta fisicamente irá um dia definhar. É a certeza da nossa existência impermanente, presa ao ciclo vida-morte (*Samsara*). Uma vez que se alcance a plena compreensão desse ciclo, transcende-se a necessidade de retornar a esse plano de existência, porque as etapas da evolução espiritual reconduzem ao *Atman* e a *Brahman* – plano sutil.

Ao contrário, a vinculação a esse plano existencial deve-se às impressões mentais subconscientes, de ordem superficial ou profunda, que determinam nosso comportamento em vida. Dependendo da profundidade dessas impressões subconscientes, formam-se tendências de caráter e haverá maior ou menor dificuldade de superação. Essas tendências, quando muito profundas, tornam-se *vássanas*, obstando a plena realização pessoal.

Sob esse aspecto tem-se a noção de Consciência e Consciência Inversa, como uma questão de fluxo energético (ou tendência comportamental) a ser seguido, colocando-se o indivíduo, ou não, em

---

[5] Pode ser entendido como o Eu transcendente, eterno e superconsciente, nossa verdadeira identidade ou natureza (FEUERSTEIN, George. *Uma visão profunda do yoga:* teoria e prática. Tradução de Marcelo Brandão Cipolla. São Paulo: Pensamento, 2005). Do ponto de vista devocional, corresponde à centelha divina que habita em todos nós (RAM, Dass. *Caminhos para Deus:* ensinamentos do Bhagavad Gita. Tradução de Ângela Machado. Revisão técnica de Álvaro Opperman. Rio de Janeiro: Nova Era, 2007). Na acepção da psicologia analítica, aproxima-se da ideia de Si-Mesmo ou Self: centro ordenador no inconsciente coletivo. Do substrato da psique comum a todos os indivíduos, emerge esse centro psíquico, fonte de inesgotável energia.

direção ao Si Mesmo e ao Uno. Desse modo, aquilo que movimentamos, com nossas intenções e ações – em que podemos situar a nossa energia psíquica –, coloca-nos em um determinado fluxo energético, determinando o resultado ou a consequência das nossas ações futuras.

A filosofia e a prática do Yoga e Ayurveda reconduzem à origem, à nossa natureza primeira, ao nosso Eu interior ou Self, orientando nossa energia psíquica, intenções e ações de forma a harmonizar nossa existência com o contexto geral do "todo". Isto é, coloca-nos em sintonia com nosso contexto existencial. Por um lado, aceitando nossa natureza como ela é na essência, e como está organizada de acordo com nossa evolução passada. Por outro, sem refutar a natureza essencial, permite aceitar a permanente transformação individual rumo à realização pessoal.

Para tanto, esta obra encontra-se estruturada sob dois segmentos distintos que se integram ao final. A distinção serve à forma de sistematização adotada para facilitar a compreensão das complexas linhas de pensamento abordadas.

A identificação de um propósito de vida e a opção por determinado projeto existencial pressupõem autoconhecimento amplo do indivíduo inserido em seu respectivo contexto circunstancial de macro e microcosmos. Não dispensa igualmente a compreensão de que tudo isso ocorre em um cenário impermanente, em constante movimento.

No primeiro segmento será abordado o autoconhecimento a partir de aspectos filosóficos do Ayurveda – ou Ciência da Vida –, fazendo-se sentir o caminho da densificação da matéria e do potencial humano. Tem-se, então, o movimento do sutil para o denso.

No segundo segmento discorre-se sobre a filosofia milenar do Yoga para indicar o movimento em sentido inverso, ou seja, o potencial libertador que flui do denso ao sutil.

Isso porque, somente no movimento e na compensação das forças contrapostas que permeiam nossa existência, pode-se chegar ao equilíbrio e à vida em harmonia.

LIVRO I

AUTOCONHECIMENTO – DO SUTIL À MATÉRIA

1. Eu e o invisível – O caminho da matéria

Ayurveda é o conhecimento milenar de origem védica, aliado à experimentação da vida em sua mais ampla acepção. Possui raízes ancestrais na Índia antiga e compreende a vida como a manifestação da consciência cósmica ou energia criadora do universo em todos os aspectos da criação. Desse modo, cabe reconhecer a presença desse fluxo energético que permeia toda natureza manifesta, expressando-o na nossa própria existência. Por isso, o Ayurveda transcende a separação cartesiana entre física e metafísica, tão tradicional na cultura ocidental. Aqui o objetivo é a unificação.

Não por outro motivo, *Ayur* significa vida e, *veda*, por sua vez, quer dizer conhecimento. E Ayurveda – ou Ciência da Vida – remete ao conhecimento da vida que, uma vez sistematizado, promove a unificação do ser em seus mais diferentes aspectos, rumo a uma existência plena que proporcione o amplo desenvolvimento das suas potencialidades imanentes.

Para tanto, saúde física e mental não são dissociadas da compreensão da natureza da vida, sua abrangência e objetivo, visto que compõem um contexto maior acerca do reconhecimento da existência de um fluxo energético universal com potencial criador.

Para o conhecimento Ayurvédico,[6] o indivíduo representaria microcosmo de um cosmo ou universo, consistindo, por isso, em

---

[6] São importantes textos do Ayurveda, dentre outros: Caraka Samhita; Susruta Samhita e Astanga Hrdayam Samhita.

um fenômeno indivisível, uno e único. Cada ser humano passa a experimentar seu corpo e mente como existência e potencialidade única, que opera a Consciência no seu dia a dia.

O Ayurveda foi desenvolvido com base na filosofia *Samkhya*, cujo fundador foi Kapila, com a contribuição de outros sábios ou *rishis*, que formularam a compreensão das leis da natureza e a forma como elas se manifestam em tudo que existe.

A Filosofia de Criação *Samkhya* fornece base lógica de vital importância para o desenvolvimento do pensamento do ser vivente em estado de evolução. Esse conhecimento revelado para o homem se mostra tão atual quanto necessário para nossos dias, uma vez que oferece base de pensamento e ferramentas de experimentação que se aplicam a todo lugar e em qualquer tempo. Nesse contexto filosófico é possível desenvolver o pensamento a partir daquilo que até hoje nos foi permitido experimentar como seres viventes e manifestados.

Surge a compreensão de que toda a existência é fonte de uma Consciência Cósmica que se manifesta na dualidade dos polos energéticos, simbolizando o potencial masculino e o feminino.

Purusha (Testemunha, Positivo, Masculino) não manifestado, energia pura, além do espaço e tempo, ou simplesmente é o espaço/tempo. Sem forma, sem atributos, a existência pura em seu estado de infinitas possibilidades.

Prakruti (Negativo, Feminino) é a fonte de toda a forma, a que deseja ser, ativa, com atributos, com consciência de escolhas. Aquela que pode dar forma à matéria, ao universo.

A fusão de *Purusha* e *Prakruti* promove a densificação da matéria criadora do Universo. Inicialmente, surge dessa fusão a Consciência – ou Inteligência Universal –, chamada de *Mahad* nos textos milenares. *Mahad*, lei suprema da natureza ou fluxo universal de energia, gera centros convergentes de energia. Imagine um rio, o sentido do curso de suas águas na correnteza e os redemoinhos que se formam a partir da topografia do leito desse rio. Os centros energéticos que surgem de *Mahad* são as consciências ou intelectos individuais (*Buddhi*). Da irradiação do centro energético *Buddhi*, em movimentos espirais concêntricos, surge o Ego – ou "Eu individual" –, denominado *Ahamkar* na tradição milenar. Na sequência da nossa exemplificação, podemos simbolizar o *Ahamkar* como o centro do redemoinho.

Figura 1 – O fluxo da energia universal de densificação (espiral logarítmica)

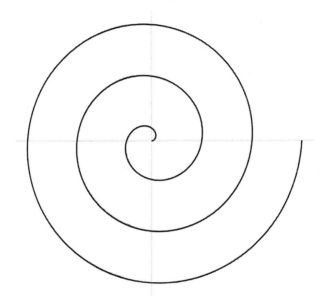

Fonte: Wikipédia

O Ego – ou Eu Individual – se manifesta por meio de três qualidades: *Sattwa, Rajas* e *Tamas*. Por isso é de vital importância entender um princípio básico que é:

> "Tudo o que se apresenta em nosso corpo tem origem em nossa mente".

> "Manas" ou mente, tem três *gunas* (ou qualidades):

> {*Sattwa* = energia potencial}

{*Raja* = movimento de ligação}

{*Tamas* = forma}

A compreensão dessas qualidades e as suas interferências e direcionamentos provocados na nossa vida adquirem relevância para obtenção de níveis elevados de autoconhecimento, que é o primeiro passo para gozar de saúde plena e bem-aventurança.

Figura 2 – Gunas em movimento representados pelo Yantra InLIFE

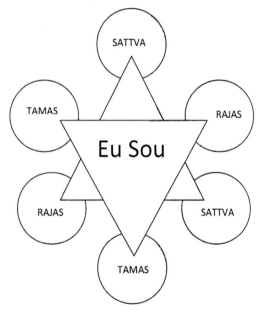

Fonte: O autor

Mas de que forma?

Sempre lembrando o caráter empírico-simbólico dos ensinamentos ancestrais do Ayurveda, os conceitos e princípios aqui desenvolvidos são frutos de experimentação e representação simbólica, razão pela qual diferem dos postulados do conhecimento científico ocidental. Então, para compreender a sistematização dessa tradição traduzida e transmitida por meio dos seus símbolos, deve-se deixar de lado a pretensão de encontrar correlação na "ciência ocidental".

A matéria, segundo o Ayurveda, possui três propriedades ou potenciais. Essas propriedades ou potenciais determinam ou podem determinar a essência ou natureza dos seres e das coisas, a partir dos elementos integrantes da matéria, que são: espaço, ar, água, terra e fogo.

O espaço é o que permite a energia fluir para criação ou adaptação dos seres. É o que propicia a liberdade de escolha ou tomada de posição por uma forma ou outra. Não por outro motivo, o espaço é a expressão primeira da consciência a partir da qual a matéria se desenvolve. **Sua função: conferir liberdade para criação e manutenção da vida.**

O ar é o que promove o fluxo dessa consciência, permeando todas as coisas orgânicas e inorgânicas, em todos os níveis de densificação da matéria e em todas as esferas que compõem o ser, desde o espírito ou consciência até o plano da atividade celular. É o *prana* ou *chi* (para o taoísmo), também conhecido como energia vital, que rege todos os nossos movimentos, dos mais sutis aos mais intensos. **Sua função: permitir o fluxo da energia criadora e mantenedora da vida.**

O fogo representa os processos metabólicos nos seres e a combustão da matéria em geral. Por essa forma, realiza a transformação necessária para a manutenção da vida. Nos seres vivos, controla o processamento dos alimentos e a temperatura corporal. No plano mental do ser humano, atua no processamento das informações obtidas pelos sentidos. **Suas principais funções: transformação e processamento.**

A água realiza a ligação e permite as trocas necessárias entre as substâncias para manutenção do equilíbrio e bom funcionamento dos organismos. Assim, a água proporciona o equilíbrio entre as substâncias ou estruturas sólidas do corpo. Isso porque o organismo apresenta variações dentro de limites precisos e ajustados. O que permite ao organismo restabelecer o padrão de constância para seu bom funcionamento, apesar das alterações do meio e das atividades interferentes realizadas, é a água. **Sua preponderante função, pois, é a ligação e a homeostase (manutenção do equilíbrio sistêmico).**

Por fim, a Terra constitui as estruturas sólidas que compõem os seres orgânicos e inorgânicos. **Sua principal função: composição.**

Esses elementos podem adotar três padrões ativos de ação inorgânica[7] e tendência energética, denominados *doshas*. A saber:

- *Vatta*: a tendência energética do movimento, orgânicos e inorgânicos.

- *Pitta*: a energia transformadora ou metabólica que processa e sintetiza tudo que existe.

- *Kapha*: a energia de densificação e formação da matéria.

Um ou mais *doshas* podem predominar nos indivíduos, sendo mais raro a presença dos três com a mesma intensidade.

Cada *dosha*, por sua vez, destaca dois elementos predominantes:

- *Vatta*: elementos ar e espaço.

- *Pitta*: elementos fogo e água.

- *Kapha*: elementos terra e água.

Por isso, embora todos os seres humanos sejam compostos pelos mesmos cinco elementos (água, terra, fogo, ar e espaço), a maneira como esses elementos se organizarão e atuarão em cada organismo dependerá das tendências de fluxo energético ou *doshas*, e da maior ou menor intensidade com que cada *dosha* se manifestará.

A doença ou desequilíbrio orgânico, para o Ayurveda, advém do funcionamento celular deficiente ou inadequado, em razão do desequilíbrio gerado a partir da predominância ou enfraquecimento de determinado *dosha*. Mediante a sistematização dos

---

[7] O termo inorgânico, nessa acepção, é relacionado àquilo que não corresponde às funções do organismo.

doshas e seus elementos preponderantes, podemos identificar o que o desequilíbrio acarreta e a forma de restabelecer a harmonia entre corpo, mente e espírito.

Quando concebidos, recebemos dos nossos pais um material genético específico que, inclusive, orienta ou direciona os parâmetros da nossa constituição psicofisiológica. Essa combinação é única para cada indivíduo e é chamada *Prakruti*. A *Prakruti* rege a forma como cada indivíduo reagirá diante dos acontecimentos e das circunstâncias da sua vida. Logo, um indivíduo pode manifestar situações de desequilíbrio orgânico no curso da sua existência, pois a *Prakruti* determinará a forma como são absorvidos os elementos, substâncias, impressões, sensações e, assim, de que modo o organismo reage e devolve ações para o mundo que o cerca.

Compreender que a sua constituição orgânica é única e buscar conhecê-la contribui para uma existência harmônica, espaço propício para desenvolvermos, na maior extensão possível, as nossas potencialidades. Entendemos que podemos elevar nossa forma para mais sutil ou situá-la em um patamar mais denso. Um sempre sucederá o outro, do sutil você irá para o denso e, deste, você irá para o sutil.

Num exemplo bem simples: você se percebe antes do almoço, leve, flexível, relaxado. Então você come um pouco mais do que o suficiente e você fica pesado, lento, sem movimentos.

Mas mesmo assim, a ação do seu fogo digestivo (*agni*) irá, com o devido tempo, devolver o estado de leveza novamente. E esse movimento é cíclico.

Esse exemplo se dá no campo físico, que é gerenciado pela mente. Uma vez que a mente se apresenta mais "tamásica" (densa), o corpo também se apresentará assim. Pois a escolha da quantidade de alimento a ser ingerida foi da mente.

As influências das qualidades da mente se dão em todos os aspectos da nossa vida, macro ou micro. Tudo, absolutamente tudo, deve ser observado e considerado com a mesma atenção, pois a energia é una, interpenetrante e está em contato com tudo que nos cerca.

A seguir, vamos detalhar alguns aspectos dos *gunas* (qualidades) mentais. Este conhecimento deve ser experimentado. Você deve colocar em prática esses ensinamentos, pois somente ler não será de grande utilidade.

1.1 Gunas

Guna Sattva

Aquilo que é *sáttvico* configura o mais puro e mais calmo. Reflete aquilo que está em paz. O potencial que pode se tornar algo, aquele que é orgânico. A fala mais doce, pausada, com palavras que não ferem. Essa qualidade da mente é evidenciada durante o sono. É o estado de bem-aventurança, de plenitude, em que a mente está em seu estado puro, sem condicionamentos.

Em relação à trindade hindu, constituída por *Brhama*, *Shiva* e *Vishnu*, o estado *sáttvico* pode ser referido a *Brhama*, o criador, aquele que oferece a energia pura e com potencial infinito.

Sattva, predominante na mente, é o objetivo do praticante de meditação. Conseguir eliminar os detritos armazenados na mente, criar espaço para que as ideias possam florescer e fluir livremente. Elevar o *Sattva* significa diminuir a brutalidade nos pensamentos e intenções. Sim, a brutalidade e a ignorância nos pensamentos e nas intenções levam à ignorância e à brutalidade na vida como um todo.

Um grande passo para melhorar o *Sattva* na sua mente é observar atentamente com que intenções você vive, pensa, age, fala, caminha, trabalha, ama, odeia, come, dorme etc. Note que sempre que algo de ruim acontece, alguém diz: "Mas aquele ali estava mal intencionado!".

Guna Rajas

Rajas é a força ativa fluindo no corpo. Aquele que movimenta o orgânico e o inorgânico.[8] Tão importante é *Rajas*, que constitui o elo entre *Sattva* e *Tamas*, que são forças potenciais inativas. A força protetora *Rajas* traz movimento para a mente e para tudo que pode ser movido, tudo que contém vida. Havendo vida, haverá *Rajas*.

Aquele com fala eloquente, determinado, obstinado, as suas ideias são fortes, sempre irão gerar movimento. Na trindade hindu, podemos referir essa força como *Shiva*, aquele que mantém em movimento. O transformador da vida. O destruidor do que está e precisa ser modificado ou renovado.

Sempre que se observar dor, doença, tristeza, inércia, frio e passividade, estará evidenciada a ausência de *Rajas*.

Rajas é a força que leva de um lugar para outro e faz a vontade superar a inércia. Rajas não tem polarização, faz sentir amor, mas também faz sentir ódio. É somente força que torna real o potencial, sem definição de bom ou ruim, certo ou errado. Toda forma de conduzir esse potencial energético dependerá do conteúdo e dos condicionamentos da mente, que funcionam como um prisma a projetar essa energia de forma condicionada.

A mesma importância referida para as intenções apresenta-se para *Sattva* e, também, para *Rajas*. Uma grande energia que transforma tudo deve ser intencionada de forma correta ou suas consequências podem ser desastrosas.

Guna Tamas

O potencial manifesto que destrói e que dá forma. Aquele que, para se tornar real, provoca destruição de algo. O nosso corpo é uma manifestação de *Tamas*, com formato, com peso, com den-

---

[8] Orgânico e inorgânico, aqui, tem referência singular para o Ayurveda. Entenda-se orgânico aquilo que contribui para o funcionamento regular do organismo, refere-se a funções, o que é absorvido e metabolizado. Inorgânico, por sua vez, é o que não está afeto às funções do organismo ou não se integra a elas, o que não é mais metabolizado ou absorvido e, se for absorvido, contaminará o sistema de alguma forma.

sidade. Foi preciso que os cinco elementos fossem destruídos e reorganizados para tornar nossa forma corporal possível. Sem *Tamas* esse corpo não seria palpável, seria somente um potencial. Assim como é um sonho. Durante o sonho, com o potencial de *Sattva* e *Tamas* movimentados por *Rajas*, o corpo onírico manifesta-se em toda a sua natureza.

Tudo, absolutamente tudo, contém *Sattva*, *Rajas* e *Tamas*: as três qualidades da mente manifestadas neste planeta, em suas infinitas formas. Colocando em exemplo simples:

Seus pais sonharam com um filho e *Sattva* está neles como potencial: espermatozoide (nele) e (óvulo) nela. Sozinhas, as células reprodutoras são somente energias potenciais. Nada serão. Mas com a ação de *Rajas* no ato sexual, que gera movimento e libera energia para que haja o elo entre esses potenciais, fazendo com que se encontrem ao convergirem para uma mesma direção, então, no ato de transformação por *Tamas* (fecundação), o sonho de ter um filho passa a se concretizar.

Em qualquer evento de nossas vidas e de toda a natureza que nos cerca, sempre haverá *Sattva, Rajas* e *Tamas*, manifestos ou não. As três qualidades da mente (*manas*) sempre estarão em constante movimento na criação ou destruição.

Um indivíduo alimenta-se de *prana* (energia vital) pelos *Pancha Indryias* (cinco sentidos). Estes são manifestação de *Sattva*, são potenciais imutáveis cumprindo suas respectivas funções.

A maneira como você absorve os elementos, substâncias, impressões e sensações determina de que forma o seu organismo reage e devolve ações para o mundo que o cerca.

Se você se alimenta somente com aquilo que você gosta, deve entender que seu nível de compreensão do universo deve ser maior, porque as dificuldades de relacionamento com os demais seres vêm da falta de habilidade de entendimento que você tem de você mesmo.

1.2 Sentidos e ações

Sentidos

Visão > fogo, luz, calor, cor.

Os olhos são a direção da sua caminhada, eles gerenciam os seus movimentos e mostram em que direção as decisões devem ser tomadas.

Audição > éter, espaço, som, silêncio.

Se você precisa de clareza, deve aumentar seu espaço, seu silêncio, para que suas manifestações sejam sábias e equilibradas. No éter, tudo pode ser criado. É o espaço necessário para tal. Meditar, acalmar, ouvir bem para se expressar bem.

Tato > ar, sentir, tocar, dar e receber.

Seu maior órgão está nesta função: a pele. Aprofundar a capacidade de sentir a energia que lhe cerca promove o equilíbrio do pensar e agir.

Olfato > terra, matéria, deixar ir.

Mostra sua capacidade de desapego, de colocar em movimento e eliminar aquilo que não faz bem. Deixar ir. Relaciona-se com a excreção, mandar embora o que não serve mais.

Paladar > água, língua, prazer, sabor da vida.

Língua e genitais são estreitamente ligados. Em Ayurveda, língua da boca é a superior, e clitóris e pênis são as línguas inferiores. Se você sabe controlar a língua superior, saberá o que fazer com a língua inferior.

Determinante na filosofia de vida e comportamento do indivíduo, é a forma como se expressa, mostra-se e manifesta-se para o mundo.

Ações

Os *Pancha Karma Indryias* (mãos, pés, boca, genitais e excretores) são os órgãos da ação, são manifestação de *Sattva*, são reais e, também, imutáveis. Eles estabelecem a sua comunicação com o mundo. Para um ser que pretende evoluir física, mental e espiritualmente, a compreensão profunda dos seus mecanismos de ação é indispensável.

A elevação do autoconhecimento oferece ao indivíduo maior habilidade na ação. Isso vem a ser de substancial importância para a movimentação, interação e fluidez pelo universo. Quanto mais refinado está o ato de agir, mais refinado estará o ato de pensar.

Diretamente proporcional à capacidade de controlar as ações e as expressões, fazendo com que seus atos não provoquem agressões às pessoas e a todos os seres que participam dessa existência compartilhada, será a qualidade de vida do indivíduo. Quanto menor o distúrbio provocado pelo seu movimento, menor será o efeito sobre sua própria vida.

A habilidade da ação é um ensinamento clássico do Yoga, uma vez que o indivíduo em Yoga deve ser capaz de aplicar a ação, a intuição, o discernimento e as emoções em igual capacidade de equilíbrio, levando a sua ação para padrões comportamentais mais elevados, oferecendo, com isso, uma existência compartilhada sem causar danos por onde passa.

Por mais que nos consagremos donos ou proprietários de nossa casa, apartamento, sítio, carro etc., mesmo assim, a maior parte do mundo em que circulamos é compartilhada. Até mesmo aquilo que julgamos ser somente nosso tem, de certa forma, um âmbito de compartilhamento. Um pensamento pode ser seu, mas uma vez verbalizado, torna-se compartilhado. Mesmo que a casa seja sua, note que ela não funciona sozinha, toda a energia que ela precisa para nos trazer conforto e segurança é compartilhada.

Uma vez andando pela rua você compartilha e oferece ao mundo a sua imagem, seu cheiro, seus gestos, sua voz, seus olhares. Essa interação ou compartilhamento de informações, percepções e intenções causa constante movimentação nos *Gunas* Mentais (*Sattva/Rajas/Tamas*) que nos cercam, e essa interação gera resultados diretamente proporcionais às energias que você está emanando.

Entendemos que *Sattva/Rajas/Tamas* constroem tudo o que está. Sendo assim, aprender de que forma essas forças determinam nossa existência é primordial para conquistarmos uma vida em plenitude.

Daqui por diante, buscaremos trazer uma compreensão de cada aspecto da vida e as influências dos *Gunas* mentais sobre eles. Lembramos que todo conhecimento ou ensinamento deve ser experimentado, deve ser posto em prática. De outro modo, serão somente palavras ao vento.

Já se passam pelo menos 15.000 anos desde os primeiros registros de práticas de Yoga pela humanidade e, mesmo assim, a maioria das pessoas ainda não compreendeu que Yoga não apenas se pensa ou se lê, mas deve, igualmente, ser vivenciado.

Os ensinamentos de Yoga e Ayurveda já não são mais secretos. Pela revolução da comunicação temos muita informação acessível sobre esses assuntos. Porém de nada servem essas informações se a prática não acontecer.

1.3 Pilares para manutenção da saúde mental, física e emocional.

São três os pilares básicos para a manutenção de boa saúde, física, mental e emocional, a saber:

Yantra Trimurti da Saúde InLIFE

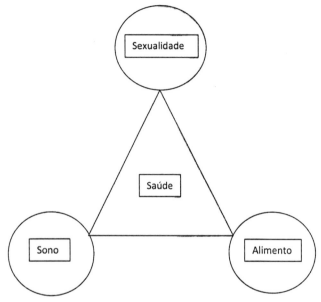

Fonte: o autor

O sono, a alimentação e a sexualidade

Vamos fazer uma conexão com os *Gunas*. Sono (*Sattva*), alimentação (*Tamas*) e sexualidade (*Rajas*). É uma relação simples, sem muitos devaneios. É de vital importância observar atentamente esses três aspectos básicos da vida, pois formam o tripé do equilíbrio mental manifestado pela influência do estado atual do corpo.

Sono

Relacionamos o sono com *Sattva*. É pacífico, leve, criativo. Qualquer ser dormindo adequadamente tem esses aspectos. Em estado de sono você acessa os campos mais profundos da sua mente, nossas lembranças, felizes ou não. De qualquer forma, relevante é o sono e suas influências no quadro de saúde do indivíduo.

Por natureza, o sono deve ser *Sáttvico*, mas se não for de qualidade *Sattva*, ele pode gerar consequências não tão puras no dia a dia do indivíduo. Um dos principais pontos a respeito do sono é definir o horário e a duração do sono do indivíduo. Em linhas gerais, uma pessoa jovem, até os 20 anos, precisa de 10 a 12 horas de sono. Com variações particulares, nesse espaço de tempo ocorrem oscilações para mais ou para menos.

Uma pessoa em idade mediana, entre 20 anos e 60 anos, precisa de sete a nove horas de sono. Também ocorrem variações individuais. E, acima de 60 anos, é comum as pessoas dormirem menos de seis a sete horas em média. Guardemos sempre as características individuais. Partindo dessas bases, colocamos as influências dos *Gunas Rajas* e *Tamas* sobre o sono.

O que se passa de dia ou acordado influencia o que se passa à noite ou dormindo, de forma inversamente proporcional. Geralmente uma pessoa jovem, com bons hábitos, tende a ter sono contínuo e de boa qualidade. Mas se quando acordado sofre influência da ação de *Rajas* em demasia, o sono terá *Rajas* aumentado.

Rajas aumentado durante o dia pode resultar de muita atividade física, que provoca esgotamento. Um dia com muita agitação emocional ou muitos embates profissionais, situações de elevação do nível de estresse e, por consequência, uma tensão muscular muito forte, gera contrações em diversas partes do corpo, em especial na altura dos ombros e pescoço.

Nessas circunstâncias, o sono ficará comprometido em qualidade, em quantidade e em profundidade, porque haverá dificuldade em acalmar o corpo e a mente para poder dormir. Pessoas que passam por essas situações no seu dia a dia acabam lançando mão de substâncias diversas para conseguir relaxar e dormir, como bebidas alcoólicas, remédios e outras drogas.

Uma vez esse quadro em andamento, teremos uma pessoa que apresenta situação de agravamento de *Tamas* no corpo. Entenda-se que um corpo que não descansa adequadamente não pode realizar as funções inorgânicas[9] de maneira satisfatória.

Quando as funções de limpeza do organismo, que acontecem à noite, não se concluem de forma satisfatória, o organismo precisa entrar em ação metabólica com os "detritos" físicos e mentais acumulados.

Pense em sair de casa pela manhã sem tomar banho ou escovar os dentes. Certamente você não terá a mesma sensação de leveza e fluidez. É só fazer a experiência. Ou deixe suas louças sujas na pia de um dia para o outro, de manhã tome seu café e saia, deixando acumular para a noite, no seu retorno. Quando você chegar em casa, certamente ficará, no mínimo, desconfortável com a situação da sua cozinha. E, no mínimo, ficará sujeito a um ambiente infectado.

Pense em seu corpo nessas condições. Seus órgãos de limpeza não puderam realizar o respectivo trabalho e surgiu um imprevisto, um resfriado ou uma infecção qualquer. Seu corpo estará debilitado pelos ciclos que não se completaram satisfatoriamente. Seu organismo não estará em plenas condições e o que poderia não gerar maiores problemas, certamente, comprometerá uma adequada recuperação.

Estou mencionando apenas questões físicas simples que podem acontecer por conta da falta de sono adequado. Mas outras dificuldades também surgem pela falta de sono. Baixa imunidade, por exemplo. Um corpo que não descansa fica fraco para combater um vírus ou uma bactéria que venha a atacá-lo.

Outro aspecto negativo da má qualidade do sono reflete na redução da capacidade mental, visível quando o raciocínio fica mais lento. Um organismo que não descansa e, por consequência, não cumpre seus ciclos de purificação, apresentará dificuldades no campo mental e, igualmente, entorpecimento, preguiça, estafa mental, dificuldades de produzir pensamentos e raciocínios claros e objetivos, tudo causado pelo acúmulo de detritos mentais não metabolizados e eliminados por um sono profundo e reparador.

---

[9] Aqui, funções inorgânicas referem-se à absorção, à ingestão e à excreção de substâncias inadequadas pelo organismo e, por isso, podem gerar intoxicação se ocorrem de forma irregular.

Entendendo esse raciocínio, o indivíduo vai prestar mais atenção à qualidade do seu sono.

Existem, da mesma forma, aspectos relacionados a pessoas que trabalham em computadores por longos períodos.

Pessoas que têm de 8 a 10 horas a influência da luz artificial de uma tela de computador apresentam aumento significativo de estresse no *Guna Rajas* e, com isso, vivenciam um agravamento no seu quadro de perturbação mental. Quando chega ao fim do dia, parece que a mente não acalma, a velocidade dos pensamentos não diminui. Aparecem falhas de atenção, às vezes, problemas de coordenação motora. O que vem a ser óbvio, pois, uma vez na frente de um computador por muitas horas, a qualidade da circulação de nutrientes e fluidos pelo corpo torna-se baixa, pela baixa presença de movimento no corpo.

Para amenizar os efeitos desse fator de perturbação da qualidade do sono, devem-se fazer pausas regulares no trabalho, realizando, pelo menos a cada hora, cinco minutos de movimento: levantar, andar, espreguiçar alongar, tomar uma água, se possível baixar a cabeça abaixo do coração para estimular a circulação sanguínea e a oxigenação do cérebro. São pequenas atitudes que fazem muita diferença para o corpo e para a mente. No fim do dia, essas pessoas precisam evitar acessar eletrônicos, pois eles continuarão a estressar a mente e a causar perda de energia, prejudicial ao sono.

Alimentação

Tamas é o *Guna* que se relaciona com alimentação, agrupamento, forma, densidade e crescimento. A qualidade mental que tem relação com os elementos (espaço, ar, fogo, água e terra). É também vista como a parte inorgânica do ser, ou seja, aquilo que sofrerá metabolismo e contaminação. Uma inteligência celular/energética/genética – *agni* – gerencia toda essa função de metabolização. Nosso intelecto deve observar e compreender as influências dos elementos sobre nosso corpo e, consequentemente, sobre nossa mente.

Diferente da parte orgânica, *Sattva*, que são nossas funções, nossos órgãos dos sentidos que têm suas funções e, em tese, não se contaminam em sua essência, os resultados da nossa alimentação podem trazer contaminação e doença, uma vez que a função é *Sattva*, mas a consequência é *Tamas*. Uma função realizada em desacordo com suas tendências mentais e físicas adequadas trará um resultado inadequado para o organismo. Por exemplo, se a função sono, *Sattva*, ocorre de forma inadequada, desequilibra o metabolismo digestivo. A alimentação metabolizada por um organismo desequilibrado não será eficiente e provocará falhas de nutrição e refinamento de tecidos corporais, o que gera acúmulo e doença.

Contudo também é notório que a alimentação *Tamas* – ou tamásica – inadequada à demanda energética do indivíduo trará desequilíbrio para as suas funções *Sattva*. Isso porque um corpo com excesso de substâncias pesadas prejudica a realização de suas funções mentais.

Se você precisa estudar a tarde toda, não deve comer uma lasanha no almoço. Ela vai precisar de muita energia para ser metabolizada pelo aparelho digestivo e causará sono. Se você vai estudar muito, deve alimentar-se com substâncias de fácil digestão, que deixarão seu metabolismo mental fortalecido para absorver e metabolizar o conhecimento.

Saber quantificar o alimento em relação ao consumo de energia é uma grande ferramenta para manutenção de boa saúde e funções orgânicas e inorgânicas em estado pleno. E isso não é protocolar. Por mais que existam ensinamentos que indiquem essa ou aquela direção, nada substitui a experimentação. O indivíduo deve observar atentamente o que cada alimento, substância que ele ingere ou tem contato, provoca em seu corpo e em sua mente.

Os efeitos dos alimentos (elementos) são diferentes de uma pessoa para outra. E são muitas as características que causam essas diferenças: idade, raça, peso, *dosha*, gênero, descendência, época do ano, clima, dia, noite, emoções, geografia, filosofia de vida etc. As influências da alimentação sobre a mente e sobre o corpo são por demasiado extensas. Por isso, persiste a insistência em mostrar para o indivíduo que ele deve ser muito observador para entender as causas dos efeitos da alimentação na vida dele.

Utilizando os *Gunas Sattva*, *Rajas* e *Tamas* como referência, os alimentos podem:

- Produzir *Sattva*: um estado de alegria, bem-aventurança, felicidade, baixa agressividade, sono profundo e reparador, relaxamento, leveza, esperança etc.

- Produzir *Rajas*: paixão, sentimento de poder, movimentação, calor, irritação, dor, competitividade, fogo, prazer etc.

- Produzir *Tamas*: contentamento, apego, sensação de prazer, alívio, compaixão, medo, inércia, pesar, tristeza, peso etc.

O estado de saúde plena e de bem-aventurança está em equilibrar essas três forças na alimentação. O corpo e a mente do indivíduo precisam de *Sattva*, *Rajas* e *Tamas* na alimentação. A inteligência reside em que, pela observação e pela evolução do autoconhecimento, o indivíduo possa ser capaz de se nutrir adequadamente, em harmonia com sua filosofia de vida. A história de vida do ser humano já mostrou que a renúncia não traz a plenitude; esta é alcançada pelo equilíbrio entre o corpo, a mente e o espírito. Perceber os *Gunas* mentais na alimentação é uma tarefa que deve ser levada a sério pelo ser humano. Já está nos ensinamentos do Ayurveda, a saúde e a doença nascem na mente e são cultivadas no corpo. O indivíduo escolhe o que quer cultivar.

Importante evidenciar que os *Gunas* mentais são potenciais, percepções e tendências que só podem ser experimentadas e sentidas; não se pode medir tais forças. Em contraponto, vivemos num tempo de constante padronização, em que as pessoas querem se encaixar em uma determinada forma ou medida. E isso não é possível nas características dos *Gunas*. Somente o ato da experimentação pode nos revelar tais forças.

Dentro do universo do invisível, mas presente em nossas vidas, podemos fazer a experiência e colher nossos resultados e sabedorias provenientes da vivência. Para cada indivíduo diferente, temos uma experiência diferente e um aprendizado diferente sobre o mesmo potencial. Essa proposta desperta uma curiosidade e um potencial humano não menos do que fascinante. Temos à disposição um incrível mundo de realizações materiais e tecnológicas, mas pouca exploração pessoal e pouco interesse pelo autoconhecimento que tornaria as realizações materiais instrumentos de produção de alegrias e felicidade, e não de cobiça e perdas.

A tarefa de introduzir atenção aos acontecimentos do dia a dia do indivíduo é de inquestionável relevância para o aumento da capacidade de conhecimento da sua própria existência e, por consequência, a melhoria da capacidade de gerenciamento das questões existenciais. Note que não importando o tamanho, tipo ou impacto de um acontecimento na nossa vida, o universo cíclico das funções orgânicas e inorgânicas do ser humano continua acontecendo. Nada mais lógico que o indivíduo tenha a percepção real do seu próprio estado de ser.

Sexualidade

Talvez, o termo não seja o mais apropriado para se relacionar com o *Guna Rajas*, mas meu pensamento me leva a usá-lo mesmo assim. Possivelmente, por se tornar simples a relação de ligação, transformação, magnetismo que esse *Guna* sugere. *Rajas* é incontaminável, puro, forte, potente, quente, transformador. Faz a ligação entre *Sattva* e *Tamas*, coloca em movimento, representa a vontade, a paixão, o desejo, aquela força que te faz entrar em movimento para realizar algo.

Senão vejamos: *Rajas* = Sexualidade, a energia mais poderosa do indivíduo, tem capacidade de trazer bem-aventurança e caos, saúde e doença, dor e prazer, felicidade e tristeza. Move o potencial e a matéria, sem polarização, sem certo ou errado. É a força que move, transforma, destrói, constrói. Essa força pouco compreendida e tão menos percebida é o mediador de nossas vidas.

Rajas está sempre presente na vida, até quando você está inerte. Pois você não fica inerte indefinidamente, a vontade está lá e vai colocá-lo(a) em movimento, de uma forma ou outra. A ausência de *Rajas*, ou deficiência de *Rajas*, limita a mente, o corpo e o espírito do ser humano. Quando *Tamas* aumenta trazendo inércia, contração, pesar, escuridão para a sua vida é preciso lembrar que *Rajas* precisa ser acionado. Não importa como, mas o movimento precisa começar. A mente sã e em estado de evolução do autoconhecimento desenvolve mecanismos de regulação e equilíbrio dos *Gunas*.

Talvez pareça fácil dizer que a mente vai gerenciar os desequilíbrios dos *Gunas*. Neste plano, a vontade do indivíduo deve ser incentivada. Temos as questões emocionais características de *Tamas*, que parecem colocar uma grande pedra sobre a vontade de qualquer coisa daquele indivíduo. Sim, isso é muito comum. Por mais que pareça óbvio, o movimento não acontece. Muitas vezes, essa pessoa precisa de ajuda terapêutica para sair da inércia. E isso também é real.

Porém, insisto, o desequilíbrio vem da mente, da insuficiência de autoconhecimento, da percepção pequena de existência, de negligenciar as energias sutis que permeiam e interpenetram o indivíduo, trazendo toda sorte de potenciais, positivos ou negativos. O universo físico inorgânico é dual. Sempre haverá dor depois do prazer, frio depois do calor, dia depois da noite, sol depois da chuva, morte depois da vida. *Rajas* é a força que mantém esse movimento cíclico, e o ser humano precisa compreender essa característica natural.

– Eu quero ser feliz!!!!

É uma frase muito comum, mas a felicidade é um estado de infinitas percepções que nem sempre corresponde à tradução de nossas vontades. A felicidade está à nossa volta. Pode-se aderir a ela ou não. É uma questão de escolha...

Intenções

Ainda sobre *Rajas*, uma vez que essa energia que coloca tudo em movimento tende a ser apolar, mesmo assim, os resultados de sua movimentação podem se tornar polarizados. A força que pode trazer tal característica é a força das nossas intenções. Algumas correntes de pensamento definiriam, talvez, como "livre arbítrio". Pouco considerado pelas linhas modernas de pensamento, mas de vital importância na vida como um todo, é a intenção que circula na sua mente no momento da tomada de uma decisão que colocará *Rajas* em movimento. Por conta disso, *Sattva* e *Tamas* também serão acionados para produzir o resultado da ação.

Essa é, na minha percepção, uma característica de origem das ações a que devemos ter muita atenção. Deve ser experimentada, e sempre que uma ação é desencadeada pela força *Rajas* em nossa mente devemos observar qual é a intenção que está sendo associada. Não é possível fazer uma tese protocolar generalizada sobre esses aspectos por uma simples razão: as intenções de nossas ações são, obviamente, secretas e particulares. O ser humano, por natureza, não é um ser descortinado em seus pensamentos, emoções e intenções. Ele age de forma meticulosa, o que se passa na sua mente não pode ser acessado por outrem. Então essa é uma tarefa da consciência individual.

Há somente um momento na vida do ser humano em que, aparentemente, verifica-se uma existência mental e intencional totalmente descortinada: os primeiros anos de vida, quando os condicionamentos externos ainda não estão provocando interferência na mente da criança. Esse período é curto e varia de pessoa para pessoa.

O autoconhecimento não envolve uma ciência exata, mas um universo de movimentação cíclica e impermanente. Exercitar esse pensamento de forma atenciosa e constante tem o potencial de trazer respostas para a vida do ser humano que ele talvez nem saiba que pode obter. É ferramenta de grande evolução das capacidades mentais e emocionais do indivíduo. Isso porque a grande pergunta parece ser sempre a mesma:

– Por que isso está acontecendo comigo?

Aumente seu nível de percepção objetiva e diminua o nível de pensamento, condicionado que as respostas começarão a surgir.

1.4 Os princípios do potencial humano – o caminho para o sutil

No ponto precedente, colhemos o entendimento de que o processo de densificação da matéria torna cada um de nós únicos na respectiva constituição.

Neste segmento, para entender os princípios do potencial humano, que nos conduz ao sutil, faz-se necessário assimilar as leis naturais que regem o plano material em que vivemos. Elas consistem em:

1. Tudo que existe é finito e impermanente. A finitude é o ponto inevitável da existência, pois tudo que existe um dia decairá dada a qualidade ou propriedade densa da matéria.

2. E o movimento é fonte de vida e equilíbrio. Por isso, quanto mais denso ou estagnado, mais inafastável a sua decadência.

Desde que o ser humano existe, ele é movido por alguns princípios para sua existência no mundo manifestado que conhecemos e habitamos. O hinduísmo definiu quatro princípios/objetivos que vieram a ser considerados como o potencial humano (*Purushartas*). Yoga, Tai Chi, Kung Fu, entre outras disciplinas antigas de autoconhecimento, tendem a ter os *Purushartas* como seu princípio de filosofia de vida. Obviamente, nem todos usam o mesmo termo, pois *Purusharta* é expressão em sânscrito, utilizado na Índia antiga.

> *"Puru"* – *pode ser traduzido ou entendido como persona, ser, indivíduo.*

> *"Sharta"* – *pode ser entendido como objetivo.*

Os *Purushartas* são entendidos como os objetivos a serem alcançados pelo ser humano nesta existência. São eles:

Dharma – Artha – Kama – Moksha

Algumas escolas (*Darshanas*) de pensamento hinduístas ensinam que os três primeiros (*Dharma, Artha, Kama*) são os princípios da etapa "mundana" da vida, relacionados às questões mais materiais da existência.

Não se trata de um pensamento pejorativo ou julgamento de valor, trata-se da forma de mencionar as etapas mais grosseiras da necessidade de manter nosso corpo, suas funções inorgânicas e sua necessidade de promover os recursos para a respectiva existência em matéria manifestada no mundo que conhecemos.

Dharma

Imagine a existência como as tramas de um tecido em que cada ação gera uma consequência. O efeito gerado, por sua vez, faz parte de um todo maior em constante movimento. Existirá um ponto de equilíbrio entre as causas e as consequências de cada ação e reação, de modo que a existência siga em contínuo movimento, porque tudo que estagna no plano material inevitavelmente decai. Então, movimento é vida e *Dharma* é a lei universal que conduz à harmonia ou ao equilíbrio das forças coexistentes e contrapostas em um mesmo sistema em constante movimento.

Por isso, *Dharma* é, ao mesmo tempo, o desejo, o anseio, o que nos move no íntimo, a vontade de realizar um caminho e o livre desenvolvimento pessoal em equilíbrio e harmonia com a liberdade alheia e, também, com tudo mais que nos cerca. Apesar do só fato de existirmos implicar consequências inevitáveis, realiza o seu *Dharma* aquele que age de forma a que mesmo os danos inevitáveis decorrentes do seu simples existir componham um todo maior de forças, causas e consequências em equilíbrio. É a ação que, por ser harmoniosa e compatível com o movimento natural das coisas, não nos traz reações negativas ou densas, mas nos impulsiona para o caminho do nosso propósito existencial e do sutil.

O *Dharma* não tem a ver com necessidade de contingência ou circunstância social, profissional ou de subsistência. São compreensões diferentes. O princípio do *Dharma* pode ser definido como aquilo que enche seu coração de força e inunda sua mente de paz.

O *Dharma* é levado muito a sério nas filosofias milenares, pois ele define se sua vida terá significado e plenitude ou se terá vazio e sofrimento. É muito comum dizer que se você faz muita força para levar sua vida é porque você está distante do seu *Dharma*.

Viver em harmonia com seu *Dharma* faz você querer acordar cedo, traz empolgação, energia de vida e força de vontade. Você sente que a felicidade não é algo que você busca, é algo que você cultiva e sente. Assim é quem está adequado ao *Dharma*. E isso somente acontece se há autoconhecimento e consciência da sua natureza própria e singular. Lembre-se do ensinamento de que o processo de densificação da matéria torna cada um de nós únicos na respectiva constituição.

Artha

Artha é o progresso material, o ganho, o resultado do trabalho, o recurso adquirido, a riqueza que todos precisamos para nos mantermos em nossas necessidades físicas, profissionais, sociais, familiares etc. *Artha* está relacionado diretamente com a subsistência e suas contingências – todo ser humano precisa de recursos para sua manutenção de vida, liberdade, saúde, moradia, transporte etc. Refere-se ao recurso material que é proveniente dos seus esforços e merecimento e que será perdido ali na frente. O recurso material – *Artha* – será alcançado e será perdido ou deixado para trás da mesma forma que a vida deste corpo chega ao fim e a energia que usamos deve retornar para a natureza. É a lei da matéria e, assim, do plano material que habitamos.

Também podemos entender *Artha* como aquilo que é fruto do *Dharma* adequado. Quando o indivíduo cultiva seu *Dharma* e trilha um caminho de autorrealização, promove o *Artha* correspondente a esse propósito, que vem a se somar com a satisfação e a realização pessoal. Nesse caso, a riqueza é potencializada pela realização do *Dharma*, que promove a sensação de vida em plenitude.

Uma discrepância que ocorre com muita normalidade é não saber como gerenciar ou direcionar a energia que advém de *Artha*. Uma vez que a matéria deve ser posta em movimento para que a transformação e a evolução aconteçam, o *Artha* também deve ser colocado em movimento para que sua retenção não se transforme em estagnação, que resulta em diversas moléstias emocionais, mentais e físicas. Lembrando do que já dissemos: no plano material tudo que estagna, decai.

Kama

Kama é o regozijo, o prazer, o gozo, o deleite que provém do fruto do *Artha*. É o resultado da satisfação física, mental e emocional que o indivíduo tende a desfrutar pelo alcance dos seus objetivos anteriores. Os prazeres que a vida material proporciona ao indivíduo são de natureza *Artha* e se chamam *Kama*: dinheiro, carro, casa, roupas, alimento, lazer, tudo que advém da matéria e promove prazer.

Um ponto importante/irrefutável é que devemos entender que existe um ciclo natural da matéria, ou seja, que ela findará. Sempre, mais cedo ou mais tarde, a matéria findará, e os prazeres provenientes dela também findarão. Esse ensinamento deve ser aprendido e conscientizado.

A ilusão de que uma vez alcançado o deleite ele será contínuo é uma grande falha no caminho do autoconhecimento e da compreensão da vida. E a incansável busca pelo prazer e desfrute sempre do máximo de tudo também mostra uma falha de discernimento em relação à compreensão do que realmente é pleno e do que é simplesmente passageiro.

Kama é o gozo pelo merecimento. Deve ser compreendido como aquilo que você tem como mérito pela vida de retidão e zelo pela sua energia e pela energia que nos cerca. Usar o esforço do outro ou outros para realizar seu *Kama* não é atitude sábia e realizadora. Entender o que é merecido – e diferenciar do que não é – e usufruir do fruto do merecimento sabendo que é impermanente é fundamental para que sua mente não se torne escrava dos prazeres "mundanos" e da matéria.

Moksha

A liberação é *Moksha*. O conceito de regresso à essência. Na conhecida frase "Do pó viemos e ao pó retornaremos", tudo aquilo que é matéria, depois de algum tempo, deverá se dissolver, ou desmaterializar. Com o ser humano não é diferente.

O conceito de *Moskha* refere-se à liberação dos apegos, dos pensamentos e das atitudes de posse. Entender o ensinamento de que você deve ter bem claro que a nossa existência é um episódio no tempo e findará.

Moksha requer estudo, conscientização, autoconhecimento, conhecimento sobre vida, o que é estar vivo/manifestado materializado neste planeta, nesta circunstância de tempo, neste momento cultural e histórico da humanidade, ou do Universo.

Pela nossa evolução do conhecimento, acreditamos e temos fortes evidências de que o mundo como conhecemos teve seu início e terá seu fim. O nosso sistema solar é um momento no tempo, que está em processo de movimento rumo algum dia à inevitável extinção. A evidência da finitude é um forte indício de que o nosso viver deve ser pensado com mais profundidade.

Um fato irrefutável da nossa existência é que, uma vez nascidos, iremos morrer. O conceito de *Moksha* está assentado nesse princípio. Se somarmos as diversas crenças que ecoam na humanidade, como espiritismo, cristianismo, budismo, hinduísmo, islamismo, entre outras, vamos encontrar várias formas de descrever a vida e as mazelas da nossa finitude.

A liberação – *Moksha* – de nosso pensamento condicionado é uma tarefa de autoconhecimento que devemos considerar importante. Ensinamentos védicos antigos sugerem que somos energia que habita um corpo que é formado por elementos da matéria e que o magnetismo desse corpo promove o apego aos prazeres dos sentidos, interferindo na essência do movimento cíclico do nosso potencial de experimentação.

O conceito dos *Purushartas* é irrefutável. O ser humano, para poder desenvolver seu potencial deve encontrar seu *Dharma*/caminho, precisa produzir seu *Artha*/riqueza material, vai ter seu *Kama*/deleite, merecido fruto do seu *Dharma* adequado, e deve caminhar na direção do autoconhecimento para desenvolver seu *Moksha*/liberação.

Na essência, o ensinamento sugere que somos energia em experimentação, que estamos manifestados neste planeta em um evento de tempo e que iremos retornar ao Uno. O caminho que cada indivíduo vai trilhar faz parte de uma escolha pessoal, mas o conceito de *Purushartas* irá estar presente na sua existência invariavelmente.

Esse conceito está na essência da filosofia hinduísta e norteia a vida física, mental, emocional e espiritual do povo indiano. Por isso, vemos que, para o indiano, a vida tem um significado mais profundo e sua visão de mundo e existência é muito mais interconectada. O êxtase não está no ponto de chegada ou resultado final da sua existência, mas na forma como você trilha seu caminho.

LIVRO II

A UNIÃO –
O RETORNO DO DENSO AO SUTIL

2.1 YOGA: união, movimento e transformação.

Yoga (*yuj*), em sânscrito, significa união ou retorno do nosso Eu Individual à unidade da Consciência Cósmica.

Lembrando-se das considerações do Livro Primeiro, concebemos, por meio dos ensinamentos do Ayurveda, um caminho para a densificação da energia em matéria, do sutil ao denso.

A partir desse processo de densificação surge o "Ego" ou "Eu individual" (*Ahamkar*), que propicia igualmente a nossa identificação com o plano material, com o que aparentamos ser em termos de constituição física e personalidade. Da mesma forma, *Ahamkar* permite a nossa interação com tudo que existe no plano da matéria – permite identificarmos o que há ao nosso redor – e determina a nossa visão de mundo.

Ocorre que esse "ser no mundo" nos coloca imersos em todos os aspectos do plano existencial denso, desconectando-nos da faceta sutil da nossa existência. E, como vimos anteriormente, a densidade da matéria traz efeitos determinantes, dos quais, o mais inquietante ao ser humano, apresenta-se como a impermanência, que abrange aspectos da própria decadência, transitoriedade, ausência de controle absoluto sobre as vicissitudes da vida e a inevitável e inafastável finitude do Ser. O impacto de tudo isso no *Ahamkar* (Ego) ou na nossa personalidade constitui fator de medo, ansiedade e sofrimento, atrelados às suas consequências psicofísicas.

O Yoga propõe alcançar um estado de consciência ampliada que, ao internalizar a existência da nossa real natureza, provoca o desprendimento das causas determinantes do nosso sofrimento e da nossa aflição. Por isso, mais do que ensinado, o Yoga deve ser vivenciado ou internalizado: é o caminho de volta que remete nossa Consciência Individual ao Sutil ou Consciência Superior.

A criação do Yoga, no hinduísmo, está atribuída ao deus *Shiva*, que simboliza o poder transformador e renovador do Universo.

Conforme vimos anteriormente, no plano material, a estagnação e a ausência de força vital (*Prana*) provocam os efeitos da decadência ou perecimento.

O Yoga propicia o movimento transformador, pois o que está em movimento, seja sob aspectos mais sutis (fluência energética, transitoriedade da vida etc.), seja sob aspectos mais densos (saúde física e emocional), não decai.

A prática do Yoga, a cada postura, passando pela desobstrução articular, reconduz a consciência ao movimento. Esse processo promove a conciliação entre o físico, mental, e sutil, constantemente afetados pelo estresse e pelo dinamismo do dia a dia.

Assim, para além dos benefícios físicos da prática do Yoga, traduzidos em condicionamento físico duradouro, vitalidade, melhora da respiração, disposição e bem-estar, tem-se um propósito maior dirigido a alcançar, a partir do autoconhecimento, uma vida harmoniosa e equilibrada. Se agirmos conforme a nossa natureza e com consciência ampliada sobre a natureza das coisas, nossa vida será plena e se traduzirá em realização pessoal, minimizando os efeitos da inevitável impermanência da matéria sobre o nosso estado físico e mental. E por que não dizer, igualmente sobre o nosso corpo sutil, considerando a existência de estudos a demonstrar que os seres carregam com eles, através das gerações, informações genéticas que orientam mesmo reações emocionais futuras,[10] que, segundo a tradição milenar do Yoga, representa o seu objetivo último: libertar-nos dos reiterados ciclos de nascimento e morte: *Samsara*.

---

[10] GOLEMAN, Daniel. *Inteligência emocional*. Rio de Janeiro: Editora Objetiva, 1995. p. 17-42.

2.2 Yamas e Nyamas: a purificação.

Segundo a tradição do Yoga, a Energia Primordial advinda da Consciência Cósmica, que, como visto no Livro Primeiro, orienta toda a criação, permanece habitando cada um de nós. Ou, ainda, podemos dizer que somos permeados por essa energia.

Na antiguidade oriental, a grande maioria das comunidades tinha consciência e cultuava a existência dessa fonte energética. Com o passar do tempo, esses ensinamentos filosóficos foram perdendo força, dando lugar ao pensamento centralizado na existência humana e provocando o fortalecimento da personalidade individual.

Quando nascemos, ainda conservamos esse estado de natureza primordial. Porém, no curso da nossa existência, afastamo-nos desse "verdadeiro Eu". Absorvemos os condicionamentos sociais, que passam a integrar aspectos da nossa personalidade. A personalidade – ou Ego – pode ser comparada a uma máscara que utilizamos para viver em sociedade. Imagine se cada um tentasse conviver exclusivamente de acordo com seus impulsos íntimos sem atentar para qualquer forma de moderação. A vida em sociedade não seria possível e estaríamos diante de uma "Torre de Babel" – ou no denominado "estado de natureza", de Thomas Hobbes. Em casos mais extremos, inclusive, deparar-nos-íamos com psicopatias.

Na origem da filosofia hinduísta, contudo, o conviver em harmonia decorre menos de regras rígidas de controle social e mais da questão devocional (entendida como conformidade à tradição, não somente vinculada a aspectos religiosos) e da plena compreensão do *Dharma*. Quando entendemos o nosso propósito nesta vida, a nossa verdadeira intenção, o caminho se desvenda a nossa frente, seguindo sem impasses, de modo a tecer, juntamente aos demais caminhos existenciais daqueles que nos cercam, a complexa trama do tecido da vida. Portanto, se a personalidade mantém presente as tendências da energia primordial, temos uma existência plena, realizada e feliz.

Infelizmente, na maioria dos casos, distanciamo-nos da nossa essência, receptáculo da energia primordial, o que provoca a correlata dor ou sofrimento inerente a este plano existencial. Por isso nos sentimos, por vezes, perdidos, isolados e vazios. Estamos desconectados do sentido primeiro da nossa existência. Essa tendência reflete, na cultura hinduísta, a denominada era de Kali ou Kaliyuga, para alguns, denominada "Era das Trevas", mas que denota um período de desconstrução de parâmetros ou modelos estagnados e decrépitos que precisam ser substituídos ou renovados de forma a assegurar a manutenção da existência.

Em que pese inerente ao movimento energético universal de que, para aderirmos a este plano existencial tenhamos que aceitar o contexto completo do que nos mantêm presos à matéria, isso implica discernir que, neste plano, tudo funciona pela alteridade que gera movimento: para ter prazer, temos que aceitar a existência alternada da dor; para concebermos vida, temos que reconhecer a presença dual da morte; para convivermos com a inafastável finitude do ser, temos que alcançar a compreensão do movimento gerado pela impermanência. O movimento garante a manutenção da existência, já que o que estagna, decai.

O restabelecimento da conexão com a nossa essência é fundamental para identificarmos o nosso propósito ou *Dharma*, situando-nos em meio a todo esse movimento existencial, de natureza transitória e dual. Por esse modo, é possível uma existência em harmonia com os demais seres e, principalmente, com nós mesmos, alcançando a força necessária para superarmos a alteridade das sensações. Isso não impede ou faz desaparecer do contexto da vida, como interpretam alguns, as sensações de dor e sofrimento. Elas integram as circunstâncias do plano material. Mas a internalização de um propósito e de um existir harmônico faz com que a consecução de uma vida bem vivida adquira maior relevância do que a alteridade e a finitude que lhe são inerentes.

Para restabelecer a conexão com a essência ou Eu interior, a filosofia hinduísta prega a necessidade de prepararmos nosso corpo e nossa mente. A energia primordial é extremamente pura e, por isso, difícil de ser alcançada sem alguma forma de purificação que afaste os obstáculos à compreensão da sua natureza.

Existem técnicas para preparação do corpo e da mente no intento de acessar esse tipo de conhecimento ou autoconhecimento. No momento em que essa compreensão é atingida, concebemos existir desprendidos daquilo que nos limita. É o existir livre de tudo que gera *Karma*. É viver no mundo sem estar no mundo.

O Yoga, a partir do conteúdo filosófico do *Samkya*, oferece caminhos para a autorrealização, estruturados pelas suas diferentes correntes filosóficas. Dentre esses estudos filosóficos tem-se a obra clássica de Patanjali[11], que sistematiza os métodos e práticas para autorrealização, por meio do domínio do corpo e da mente, nos escritos antigos de *Os Yoga Sutras*. Essa sistematização resulta no método de oito estágios ou passos que correspondem ao Ashtanga Yoga.

Um desses oito estágios refere-se à contemplação de leis universais que, por meio da adoção de condutas éticas e disciplinares, faz com que o indivíduo adquira condições mentais e emocionais para reconhecer o seu Eu interior, identificar o seu propósito existencial e viver em equilíbrio. É a purificação que prepara para a autorrealização.

Esses ensinamentos, segundo o Ashtanga Yoga, são denominados de *Yamas* (observâncias) e *Nyamas* (purificações).

Os yamas – observâncias para convívio com o que nos cerca – exigem o atendimento de posturas de: não violência (*Ahimsa*); autenticidade (*Satya*); abstenção de apossar-se do que não lhe pertence (*Asteya*); controle da luxúria e dos impulsos físicos (*Brahmacharya*); e não possessividade (*Aparigraha*).

Os *Nyamas* – considerados purificações pessoais em respeito ao que somos, por sua vez, compreendem: pureza (*Sauca*); contentamento (*Santosa*); disciplina (*Tapas*); estudo filosófico ou das escrituras antigas (*Svadhyaya*); compreensão da existência de um

---

[11] Referimos aqui *Os Yoga Sutras* de Patanjali.

contexto Superior que transcende o individual e o exclusivamente material (*Isvara-pranidhana*).

Os *Yamas* refletem externamente o comportamento ou a postura pessoal do indivíduo, enquanto os *Nyamas* atuam introspectivamente, no âmbito individual interno. Nos primeiros, tem-se uma conduta do indivíduo dirigida ao meio e, nos segundos, uma postura do indivíduo para com ele mesmo.

2.2.3 Yamas:

Não violência (*Ahimsa*):

A não violência nasce do reconhecimento de que todos partilhamos de uma mesma fonte de energia primordial, que permanece latente em nosso interior. E isso inclui todos os seres, pois todos derivam de uma mesma substância, compartilham uma mesma existência e trazem latente uma mesma centelha daquela energia.

No momento em que reconhecemos essa essência comum, o impulso de preservar e proteger essa natureza sagrada é um sentimento natural. E a compaixão deixa de ser uma expressão de uso retórico e abstrato para traduzir-se em um sentimento vivenciado. A consciência de que não somos autossuficientes e não subsistimos nem evoluímos – tampouco nos realizamos – sem tudo que nos cerca torna quase instintivo almejar o bem-estar, a paz e a harmonia do que está à nossa volta. Passa a ser natural querer evitar sofrimento e dano a tudo e a todos. Por isso, somente há sentido em internalizar e vivenciar essa percepção.

Apesar de os escritos antigos narrarem sangrentas batalhas, a exemplo do que ocorria no Ramayana e Bhagavad Gita, elas ocorriam em um contexto específico.

O estado de energia primordial é o da não violência e o do não sofrimento, porque ele é anterior a tudo isso. Ele vem antes da polarização em energia opostas. Mesmo que tenhamos que atingir a sua natureza, para alcançá-la é preciso entender que, quando vivemos em um plano em que a injustiça e a violência se instauram, muitas vezes precisamos agir para que o equilíbrio se restabeleça. Não podemos nos esquecer que parte deste mundo é caos e que, talvez, o *Dharma* esteja em adotar uma postura combativa que poderá fazer a diferença.

Não devemos confundir não violência com não ação ou omissão. Não há equilíbrio em perpetuar uma injustiça quando se pode evitá-la. Tampouco existe qualquer lei que estabeleça proporcionalidade na existência dos seres e possa lhes atribuir maior ou menor valor, maior ou menor peso na balança existencial. Sacrificar a saúde de uma criança doente que necessita da ingestão de proteína animal em nome da proteção de outro ser vivo não traz maior paz e harmonia ao mundo. Por mais inconveniente que seja, já causamos efeitos nocivos neste plano material só pelo fato de existirmos e não nos cabe determinar quem merece viver mais ou morrer – um vegetal, um animal ou uma criança ou um adulto. O fim último a ser perseguido é a vida. E a harmonia estará presente, neste plano existencial, enquanto a vida for preservada. Vida, em sua acepção abrangente – não circunstancial, nem parcial ou tampouco subjetiva, segundo o ponto de vista desse ou daquele. Aí, sim, é claro, com o menor potencial de dano possível a tudo que nos cerca.

Portanto, a não violência não pode ser compreendia sob aspectos parciais, mas somente pelo contexto existencial geral do viver em harmonia. Devemos existir ciente de que todos os nossos movimentos causam efeitos e comprometem a existência neste plano. Então, temos que evitar o desperdício de alimento, a utilização abusiva de matéria que gera lixo, preservar a vida como fim, praticar a compaixão como o reconhecimento de um ponto de convergência entre os seres vivos e a não violência como um ideal de equilíbrio.

Autenticidade (*Satya*):

A ideia de verdade ou autenticidade de *Satya* vai além do dever de lealdade ou de evitar prejuízo ou dano alheio. Envolve a autenticidade para com você mesmo, a verdade que não desconhece ou negligencia a própria natureza e o Eu individual. Ao realizarmos a nossa essência somos verdadeiros com nós mesmos e, assim o sendo, somos verdadeiros com relação a tudo que nos cerca.

Quando os condicionamentos que recebemos vão além de possibilitar o nosso convívio harmonioso em sociedade e transforam-se em expectativas externas que tentamos atender, ocorre a dissociação com a nossa essência, consequentemente, deixamos de praticar *Satya*, a verdade, e afastamo-nos da nossa realização pessoal. Pense que há verdade em você!

Abstenção de apossar-se do que não lhe pertence (*Asteya*):

Pode ser entendido como não se apropriar daquilo que não é seu por direito ou merecimento. Por mais que tenhamos a tentação da supervalorização da nossa existência, considerando-nos, por vezes, sujeito de inúmeros direitos e merecedores de tudo que o mundo possa nos ofertar, existem circunstâncias que cabem no curso da nossa senda existencial e existem outras que não fazem parte do nosso caminho.

Muitas vezes, o Ego faz surgir o desejo de apropriação de circunstâncias que fazem parte da vida de outra pessoa e isso traz consequências para todos, porque nos vinculamos ao tipo de energia que praticamos. Uma ação autêntica, fruto de autoconhecimento, contribui para a autorrealização. A apropriação de aspectos da vida de outra pessoa é o retrato do profundo desconhecimento e distanciamento com o que realmente somos e com o que nos deixará plenamente realizados nesta existência. O resultado sempre será a insatisfação, o desequilíbrio e a desarmonia.

Controle da luxúria e dos impulsos psicofísicos (*Brahmacharya*):

A ausência de luxúria equivale, aqui, à ausência de apego apaixonado a uma ideia ou objeto de desejo, seja em pensamento, palavra ou ato. É a situação em que os sentidos aprisionam a nossa mente e a nossa energia psíquica é movimentada descontroladamente. Perdemos a serenidade da mente: a capacidade de agir e pensar com consciência e discernimento. Desperdiçamos a nossa energia vital.

Os desejos movimentam energia, o que de todo não é nocivo, uma vez que a energia psíquica está ligada à satisfação das nossas necessidades existenciais. Esses movimentos passam a ser prejudiciais quando, ao contrário, privam a nossa mente da liberdade necessária para alcançar a nossa realização pessoal. Em lugar de gerar impulsos para que nossas necessidades sejam atendidas, faz com que vivamos para atender a impulsos cuja finalidade esgota-se neles mesmos. Um ser nessa condição encontra-se escravizado.

Não possessividade (*Aparigraha*):

Vivemos em uma sociedade materialista, que estimula a mentalidade de que nossa importância para o mundo está atrelada à quantidade de patrimônio acumulado, à noção de posse e da sempre necessária contraprestação. Passa-se de geração em geração o ideal de que a acumulação de bens traz segurança, pois quanto maior o montante acumulado, maiores as chances de garantir a nossa existência e dos nossos familiares. Ainda como consequência, temos cada vez menos atitudes desprendidas e cada vez mais um agir ligado à expectativa de algum retorno.

Então, *Aparigraha* pode ser assimilada por não cobiçar, não adquirir desnecessariamente, não ansiar e, principalmente, desapegar-se, desvinculando-se da ideia de posse como fim último.

Deve-se ter em mente que a ideia de posse e acumulação de bens materiais como projeto existencial, ao contrário do que parece, não tem grandes chances de ser bem-sucedida, pois é enganosa. É que patrimônio ou bens materiais desnecessariamente acumulados nada mais representam do que energia estagnada ou inerte, estado que não é o natural da energia. E, se a energia pressupõe movimento, como já vimos, o que estagna, decai. Dinheiro deve ser compreendido na acepção do seu potencial energético e, por isso, precisa circular.

Na postura de *Aparigraha*, aceitamos o que nos é absolutamente necessário para nosso desenvolvimento e realização pessoal em ato, pensamento e palavra. E isso não equivale necessariamente a um voto de pobreza ou à imposição de qualquer renúncia, pois as necessidades existenciais diferem de pessoa para pessoa, devendo-se buscar as nossas prioridades existenciais, por meio do autoconhecimento. Foca-se na manutenção daquilo que é condizente e necessário nas diferentes etapas do caminho para nossa realização pessoal. Todo resto é transitório e está em movimento.

Boa parte dos problemas do mundo advém da desequilibrada concentração de riquezas nas mãos de poucos. Esquecemos que para mantermos o patrimônio adquirido, precisamos de mais energia e, como resultado, temos mais preocupações. Alguns dos investidores mais bem-sucedidos trabalham, na atualidade, com o que não é de fato seu. Fazem o patrimônio trabalhar para eles e não o contrário.

É uma questão de escolha. Porém é preciso ter presente que a tendência natural da energia é a circulação, por mais que a nossa pretensão seja retê-la na forma de posses. Podemos remar contra essa corrente energética por algum tempo, mas cedo ou tarde ela seguirá o seu curso próprio. Assim é o dinheiro: em um momento o temos, noutro, já não nos pertence mais.

O discernimento está em estabelecer nosso relacionamento com os bens materiais sob a perspectiva de que devem ser ferramentas suficientes para nossa manutenção atual, garantindo a consecução do nosso *Sadhana* ou caminho existencial. O restante fica por conta do Ego e individualismo. Haja como um investidor experiente: ponha o dinheiro em movimento e a seu serviço, usufrua dos benefícios dele, como se estivesse administrando o patrimônio alheio e nada fosse seu, porque a transitoriedade da matéria faz com que, ao final, nada seja seu de fato. Mas, ao mesmo tempo, essa postura fluida gera múltiplas possibilidades. E, potencialmente, tudo pode ser seu.

Aqui se tem a diferença daquele que se apega e tem algumas coisas por algum tempo e daquele que tem à sua disposição tudo, ainda que transitoriamente.

2.2.4 Os *Nyamas*

Pureza (*Sauca*)

Sauca ou pureza é a aptidão interna de conectar-se com o sutil. Ou, ainda, evitar intensificar a vinculação com a matéria e o denso. Já discorremos no sentido de que a densidade da matéria e seus efeitos energéticos são inerentes a este plano existencial. Porém não é tudo que temos aqui. Conservamos latente a centelha da energia primordial, não densa e apolar, em nossa essência ou Eu individual. Precisamos chegar até essa energia, reconhecê-la, respeitá-la e permitir que ela nos oriente no caminho da autorrealização. Seguimos no caminho do autoconhecimento, que conduz à realização pessoal, quando internalizamos e aceitamos aspectos peculiares à natureza deste plano existencial, tais como a finitude, a impermanência e o movimento energético que lhe são inerentes. Em consequência, não se faz necessário falar em renúncias. A tendência natural do indivíduo será o agir desapegado da matéria como fim em si mesma e a desnecessidade de atender a expectativas do Ego, dissociadas da autorrealização individual. Assim agindo, sua mente e seu corpo transitarão em um plano de vibrações mais sutis.

Contentamento (*Santosa*)

Santosa é a aceitação. Aceitação daquilo que não podemos mudar e que faz parte deste plano existencial. Aceitação dos efeitos do movimento vinculados à energia e à densidade característica da matéria. Aceitação da alteridade entre prazer e dor. Aceitação da inevitável e inafastável finitude do Ser. Aceitação da sua própria essência e das suas características de constituição psicofísica, que lhe apontam um determinado projeto existencial. Aceitação de que essas características conduziram a alguns resultados, mas não a todos os resultados pretendidos, pois se há dissociação entre Ego e essência, nem sempre as expectativas do Ego serão atendidas. Não temos o domínio de tudo e as coisas não acontecem somente segundo a nossa vontade.

Aceitação é o primeiro passo para a mudança que conduz ao autoconhecimento. E autoconhecimento é o caminho para a autorrealização.

Disciplina (*Tapas*)

É o rigor interno ou esforço perseverante que proporciona autocontrole. *Tapas* significa "calor" em sânscrito.[12] E o calor não só consome, mas purifica e transforma. Então, todo e qualquer esforço é um gesto de purificação e transformação em maior ou menor intensidade.

O ato de autocontrole atribui poder sobre um determinado desejo, intenção ou vontade, pois faz com que o desejo em questão possa ser identificado ou reconhecido. O desejo pode ser sentido: a forma como surge e depois se vai. Desse modo, pelo poder da vontade, o desejo pode ser limitado em prol de uma finalidade maior. Por isso, a noção de tapas ou *tapasya* pode ir além da mera concepção de austeridade física ou religiosa.

É o esforço que fazemos para permitir o equilíbrio e a harmonia em nossa existência. Você pode fazer algo que lhe trará prazer, mas também trará alguma consequência que limitará sua realização pessoal. Você pode, você quer, mas não faz. E, ao final, vê que não queria ou precisava fazer tanto assim. Seu esforço obstou o impulso e o "calor ou brilho" do seu esforço queimou a consequência que criaria obstáculos para você seguir o caminho da autorrealização.

Um corpo doente impede o ser de atingir sua plena realização. Logo, o esforço de limitar ou controlar a ingestão de alimentos que, por mais prazerosos que sejam, trazem como consequência a doença, é uma forma de esforço que "queima" e purifica no sentido da autorrealização.

A prática de *tapas* auxilia no controle dos nossos desejos, conduz a nossa vontade e, assim, também a nossa energia psíquica, direcionando nossos atos e pensamentos ao que realmente importa.

---

[12] FEUERSTEIN, George. *Enciclopédia de Yoga da Pensamento*. São Paulo: Editora Pensamento, 2005.

Pode-se dizer, assim, que oferecemos nossos desejos ao divino, uma vez que a preservação da nossa essência é o reconhecimento do divino em nós.

Estudo filosófico ou das escrituras antigas (*Svadhyaya*)

É a busca de conhecimento que, por meio de trabalho interno, conduz à autocompreensão da própria natureza do Ser. Assim, transcende o mero aprendizado intelectual e somente passa a ser conhecimento internalizado quando vivenciado. Na antiguidade, o conhecimento advinha da tradição transmitida. Atualmente, têm-se inúmeras outras fontes. Porém o estudo filosófico – ou estudo pessoal – deve levar à consciência da nossa essência individual não dissociada de um contexto superior, deve revelar o transcendente que também está imanente em cada Ser.

Compreensão da existência de um contexto superior que transcende o individual e o exclusivamente material (*Isvara-pranidhana*)

Revelar a existência de uma ordem transcendente que igualmente está imanente em cada Ser é o objetivo do Yoga. É a união. E trazer isso à consciência é a meta daquele que pratica Yoga como filosofia de vida.

Dessa forma, *Isvara-pranidhana* consiste em um ato de entrega às vicissitudes da vida. É a consciência de que podemos ter controle sobre nossas ações, mas não podemos ter o controle de tudo, tampouco do resultado das nossas ações. Não controlamos o mundo, as forças da natureza e a vontade alheia. Não controlamos a vida e os caminhos dos Seres que cruzam o nosso caminho. Portanto toda expectativa pessoal é Ego. Às vezes, o que planejamos e executamos se realiza. Às vezes, não faz parte do nosso caminho, por mais que queiramos. Esse desprendimento do resultado das nossas ações é a prática de *Isvara-pranidhana*. É o que simbolicamente definimos como "entregar a Deus" o resultado das nossas ações – e também denominamos ação devocional.

A prática de *Isvara-pranidhana*, como postura de vida, torna-nos mais leves, menos contrariados, mais adaptáveis e abertos às múltiplas possibilidades. Se um caminho se fecha, outro automaticamente se abre, pois nem tudo está ao alcance do intelecto. Em retorno, nosso pensamento, intenções e ações repercutem positivamente no meio, trazendo-nos consequências mais sutis. Essa atitude perante a vida é uma das formas de se alcançar o *Samadhi*.[13]

2.3 Técnicas do Yoga para uma vida em harmonia

2.3.1. Reeducação respiratória *(Pranayamas)*

Prana é o sopro ou vento da vida ou, ainda, mais conhecido como energia vital. *Os Yoga Sutras* de Patanjali podem ser interpretados, neste segmento, como a prática que promove o recolhimento das atividades da mente: "Estabilização e purificação da mente e do corpo".[14]

Se o elemento ar representa para a cultura védica o movimento da energia vital, para além de fomentar a vida - qualidade que lhe é inerente - produz, em contrapartida, a agitação da mente, que, por vezes, dispersa a energia psíquica do indivíduo. Por meio dos *Pranayamas*, faz-se cessar essa agitação mental, promove-se o recolhimento dos sentidos, desfazendo a conexão com seus objetos peculiares (*Pratyahara*).

A despeito de a interpretação dos escritos sobre essa prática milenar remeterem à cessação da respiração – "Naquilo que é verdadeiro, o Pranayama é a separação dos movimentos de inspiração

---

[13] Êxtase decorrente da consciência que promove a fusão entre sujeito e objeto, alcançada pela completa inibição sensorial. O fluxo de energia imanente flui em consonância com a energia universal. Esse êxtase possuiria propriedades mágicas, segundo o Hatha-Yoga-Pradipika: "*O yogin jungido pelo êxtase não é devorado pelo tempo, não é compelido por suas ações e não pode ser subjugado pelos outros*". (FEUERSTEIN, 2005, p. 200).

[14] PATANJALI. *Os Yoga Sutras de Patanjali*. São Paulo: Mantra Editora, 2015, p. 97.

e expiração", "A atividade é interna, externa e de imobilidade"[15] –, a tranquilidade da mente pode ser alcançada pelo controle da respiração.

Dessa forma, os *pranayamas* auxiliam nas situações de ansiedade, medo (pânico) e estresse. Geralmente, nesses casos, a respiração é curta e alta, às vezes, pela boca, o que só traz mais ansiedade e agitação.

Deve-se levar a respiração para o abdômen (respiração diafragmática), o que provoca uma centralização de energia e acalma. Aplica-se a respiração purificadora (mão na altura do umbigo, ar entra pelo nariz, ar sai pela boca, bem devagar) até que o indivíduo tome consciência de que sua respiração deve acontecer com movimento abdominal e não com movimento peitoral.

A respiração é o principal elo que liga o corpo à mente. Por isso, a prática é apropriada para alcançar o propósito mencionado anteriormente. No momento em que o indivíduo toma consciência da existência do *"Prana"*, e que ele deve aprender a respirar melhor para ter maior absorção e circulação de energia vital em seu corpo, um novo estágio de vida inicia-se. Tem-se uma existência mais consciente.

Mais e diferentes *pranayamas* são praticados conforme vai melhorando a capacidade e consciência respiratória do indivíduo. Ocorre que, com a prática dos *pranayamas*, o aparato respiratório é treinado de tal modo que, durante o resto do dia, a respiração se torna mais eficaz e quantidades maiores de oxigênio e energia vital são absorvidas pelo organismo. A sensação de bem-estar e leveza é significativa. No plano mental, ela ajuda a alcançar um nível básico de equilíbrio que vai permitir uma pratica eficaz da Meditação.

Os *pranayamas* são muito eficientes no processo de cura, proporcionando melhora nos aspectos diretamente relacionados com os estados depressivos e de transtorno de pânico. Por exemplo: ativam o corpo combatendo a letargia; ativam e tonificam órgãos internos e músculos abdominais provocando um estado de alegria interna e euforia; equilibram o sistema nervoso e combatem a agitação mental e emocional, que são decisivos nesses casos. A prática tem objetivo

---
[15] PATANJALI, 2015, p. 95.

também de equilibrar os canais sutis, *Ida* e *Pingala*, responsáveis pelo equilíbrio entre quente e frio no nosso corpo, masculino e feminino, equilíbrio que pacifica. Além disso, o indivíduo deve ter consciência de que a educação respiratória adquirida deve ser preservada para manter um sistema imunológico forte como princípio preventivo eficaz contra moléstias futuras.

Pranayama não é somente o controle de diferentes funções respiratórias, mas o controle de todos os processos que fortalecem o organismo humano. A prática introduz pressões elevadas, tanto no canal central da medula espinhal como nos ventrículos cerebrais, estimulando o sistema nervoso como um todo, ajudando a consciência humana a ser interiorizada e permitindo que as percepções superconscientes passem a ser possíveis.

2.3.2 *Asana* como estado de espírito

Comumente reconhecido como uma prática física, a interpretação de *"asana"*, segundo as Upanishads e Os Yoga Sutras, de Patanjali, remete a um estado de comunhão entre mente e corpo (Sutras, II, p. 46).[16] Ainda que a tradução fiel reste comprometida pela riqueza simbólica do Sânscrito, *asana* poderia ser compreendido igualmente como o estado de relaxamento tal que permite o recolhimento dos sentidos e a expansão da mente, que conduz ao *Samadhi*, remetendo ao *Isvara-pranidhana* (êxtase e entrega à consciência universal).

Por isso, ademais de postura física, consiste também em tornar o próprio corpo assento ou base firme e confortável para permitir o estado de consciência ampliada. Um corpo tenso e enrijecido reflete uma mente agitada, que se move somente pela força dos sentidos, compelida pela ilusão ou imagem subjetiva que os objetos externos provocam.

Nesse estado de agitação, não há espaço para acessar a Consciência Universal. É necessário, para além de uma postura física, alcançar "o espaço interno do coração, que abriga o infinito", "A

---

[16] PATANJALI, 2015, p. 95.

mente precisa [...] tornar-se a expressão do coração".[17] Significa, em sentido figurado, trazer a mente ao coração, sem interferências dos sentidos, dos desejos, da vontade e do intelecto, como forma de transcender os limites impostos pelo Ego (*ahamkara*).

Pense que por meio dos *Pranayamas* podemos estabilizar a respiração e controlar os batimentos cardíacos, o que acalma a mente, traz serenidade e eleva a mente a estágios indescritíveis.

2.3.3 *Asana* como postura física

Para que os estágios de ampliação da consciência sejam alcançados, como referido anteriormente, é preciso que o corpo se torne um sítio ou base firme e confortável, não tenso ou dolorido. Ninguém se desvincula da sua condição material sentindo dor ou com a musculatura contraída e dolorida. Essas condições perturbam a mente. E o objetivo das posturas e práticas físicas é eliminar as perturbações que o corpo físico causa à mente, criando condição adequada para a meditação e para elevação da consciência.

Por isso, é preciso preparar a estrutura corporal por meio de práticas físicas, dentre as quais assinalamos algumas a seguir.

O desbloqueio articular praticado no Yoga é uma ferramenta muito eficiente de tratamento. Faz refletir na mente do aluno o que suas próprias atitudes estão provocando no seu corpo. Mostra a marca física de uma atitude mental e emocional equivocada, no intuito de que o aluno tome maior consciência de que a mudança deve brotar de dentro para fora.

Os traumas emocionais também costumam gerar bloqueios articulares; por exemplo: dores nos tornozelos, tropeçar com frequência, torcer o tornozelo à toa etc. Mostram que a pessoa não está conseguindo seguir seu caminho com convicção, que se sente impedida de agir, tornando-se inflexível. As instabilidades emocionais causadas pelas atitudes mentais do presente em relação às marcas

---

[17] PATANJALI, 2015, p. 95.

do passado e a incerteza do futuro costumam gerar problemas nos joelhos, inchaço, dor, etc.

Esse aspecto de percepção da somatização também é enfatizado no momento da consciência corporal. Nesse exercício de percepção física, o aluno vai desvendar pouco a pouco os seus temores e onde eles estão provocando distúrbios. O fato de se deitar e sentir desconforto colocam-no em sintonia com seus distúrbios físicos, causados por sua atitude mental e emocional equivocada. A sensação do medo da entrega, de perder o controle da situação, faz com que ele se deite com as mãos viradas para baixo, como se quisesse segurar o chão, o que, por sua vez, deixa-o tenso, com os ombros enrijecidos. Então relaxar se torna uma tarefa impossível. Como fazer alguém relaxar se está com medo? Isto é uma tarefa importante: ensinar o aluno a deixar que as coisas aconteçam à sua volta sem que ele interfira.

Os exercícios de consciência corporal de Feldenkrais[18] comprovaram sua eficiência para isso. É uma ferramenta muito importante para fazer o aluno soltar-se e sentir seu corpo sem medos. Importante exercício para começar a vencer o medo é virar cambalhotas. Sim, pura e simplesmente. Há vários casos de alunos com medo de desafios que contam que eles foram vencidos por praticarem cambalhotas. Esse exercício, simples para muitos e deveras desafiador para outros tantos, torna-se um grande aliado nesse tratamento. Virar uma cambalhota provoca alegria, liberta aquela criança triste e oprimida pelo medo inconsciente. É bom ter em mente que o professor precisa ver se o aluno possui condições físicas de fazer tal movimento, atentando-se à existência de peculiaridades, como: hérnias de discos, labirintites, glaucomas, problemas cardíacos, determinados aspectos da menstruação, traumatismos na cabeça ou coluna cervical. Sempre devemos ressaltar que antes de colocar o aluno em movimento, precisamos ter certeza daquilo que ele pode fazer.

O desenvolvimento do *Vinyasa Vyayan* é de grande importância para um início de trabalho. Considerando que o aluno tem

---

[18] Prática corporal no campo da Educação Somática, que propõe a tomada de consciência do indivíduo a partir do movimento corporal.

rigidez articular e muscular, instruí-lo a praticar as séries dinâmicas que façam seu corpo aquecer por inteiro ajuda muito para "soltar" toda aquela carga que não é dele. Pedir para um aluno depressivo fazer a 'Forma de Ombros' é algo, em sua maioria, muito sofrido, pois atingirá em cheio sua "couraça emocional". Os exercícios da 'forma de ombros' são fortes, fazem o praticante "abrir" seu peito, entregar-se. E, para um depressivo, abrir o peito é o que ele mais tem dificuldade de fazer, traz a sensação de ficar desprotegido. Aí entra o trabalho de consciência de que, para que ele receba uma nova energia, purificada e fortalecida, ele precisa deixar essa energia estagnada e dolorida sair. Para encher um copo de água limpa, antes temos que jogar a água suja fora.

Temos resultados muito bons relacionados a esse tipo de exercício. Vale lembrar que, quebrando essa "couraça emocional", a melhora na respiração é visível e muito significativa. Ombros e peito descarregados fazem a respiração ser mais longa e relaxante. O *Suryanamaskar*[19] enche o aluno de energia, faz o corpo ficar quente. É uma prática milenar, comprovada. Promove força, elasticidade e prepara o aluno para os demais *asanas*. Considerando a rigidez física, a prática desse exercício é importante para que o corpo do aluno fique bem aquecido, tornando a execução dos *asanas* mais produtiva.

Asanas

Existem *asanas* fáceis de serem realizados por alunos com distúrbios depressivos e *asanas* muito difíceis de serem alcançados. E é na execução do *asana* que a leitura do quadro depressivo ou de pânico do aluno fica mais evidente. A leitura corporal nesse momento é muito importante para que o professor entenda exatamente o que seu aluno precisa fazer.

Dentro da compreensão de que os *asanas* vão atuar com bastante força no sistema glandular do praticante, entendemos que podemos atingir as causas que originam os processos depressivos.

---

[19] *Vinyasa* de "saudação ao sol".

Do ponto de vista glandular, a tireoide e as suprarrenais têm papel fundamental na regulação ou perturbação de processos depressivos.

A tireoide produz dois hormônios (T3, T4), que são combustíveis para o nosso corpo. A sua baixa na produção (Hipotiroidismo) provocará uma desaceleração no nosso sistema. Por seu turno, o aumento na produção (Hipertiroidismo) provocará uma aceleração geral no nosso sistema. Qualquer uma das oscilações na produção desses hormônios pode desencadear uma crise depressiva.

Na regra geral, praticamente todos os *asanas* têm alguma ação sobre o sistema glandular; eles agem com maior e menor intensidade em cada glândula. Nesses casos, o papel do Yoga é equilibrar o funcionamento dessas glândulas. Os *asanas* que agem com mais intensidade equilibrando o funcionamento da tireoide e das suprarrenais são os *asanas* invertidos e os *asanas* de extensão anterior: Parada de Ombros, Arado, Parada de Cabeça, Lebre, Meia Ponte, Peixe em Diamante, Cobra, Ponte, Arco, Camelo, entre outros.

As posturas invertidas promovem uma irrigação sanguínea mais intensa, provocando melhora na oxigenação da tireoide, equilibrando a secreção de hormônios. Esse equilíbrio elimina as oscilações de Hipotiroidismo e Hipertiroidismo, dissolvendo uma das fontes de problemas que desencadeiam as crises depressivas.

Nas posturas de extensão anterior temos uma ação mais intensa sobre as suprarrenais, responsáveis pela produção de vários hormônios, dentre os quais se destacam a adrenalina e a noradrenalina, que são responsáveis por gerar a sensação de alegria e bem-estar.

Por isso, a prática de *asanas* tem papel fundamental na recuperação e manutenção do equilíbrio orgânico e glandular do nosso corpo.

Relaxamento

Um depressivo tem muita dificuldade para relaxar, entregar-se. Deixar as coisas acontecerem sem a sua interferência é algo, por vezes, assustador. Considerando que seus problemas se originam sempre por uma falta de controle, fica difícil para o depressivo entender que ele pode deixar de controlar por alguns momentos e, mesmo assim, conseguir manter o equilíbrio.

A prática do relaxamento profundo tem muito a oferecer ao indivíduo com estresse e depressão, considerando que, nos primeiros momentos, ficará mais fácil para o aluno se o professor utilizar a visualização criativa como técnica para manter o praticante em condição mental confortável e segura durante a sua entrega física no momento do relaxamento.

Colocar o aluno para relaxar e não criar um cenário mental confortável e feliz para que ele possa sentir-se seguro durante o relaxamento é perigoso. Certamente, se o professor não conseguir fazer o aluno concentrar-se em um cenário de visualização criativa, ele vai rapidamente entrar em contato com lembranças que ficaram marcadas por crises anteriores.

Se o aluno for estressado ou depressivo, ele vai lembrar-se de situações estressantes ou de metas e deveres com que ele está comprometido e que lhe estão parecendo difíceis, ou de situações que o fizeram perder o controle. Ou seja, ele vai estar no passado ou no futuro, sem conseguir acessar o aqui e agora, que é o seu momento de paz e quietude. Por isso, a observação do professor durante e a conversa com o aluno depois da prática do relaxamento é muito importante para detectar se o aluno está alcançando o objetivo.

É sempre importante conhecer seu aluno, saber se algum tipo de música não lhe faz ter lembranças tristes, caso contrário, poderá emocionar-se no meio do relaxamento, o que contraria o objetivo de situar-se no presente sem perturbações. Fatores como iluminação da sala e escolha da música de fundo também influem muito na capacidade de o aluno relaxar. Deve-se tomar cuidado acaso o aluno sinta medo ou desconforto no escuro, por exemplo, pois se o professor apagar a luz ele não irá relaxar.

Indivíduos depressivos e com estresse muito acentuado exigem do professor um cuidado muito maior nos detalhes e nas palavras. Eles já estão sofrendo muito com esses males, e a segurança, o carinho e a paz que o professor deve transmitir é um grande passo no caminho ao encontro da recuperação.

Meditação

Todo o esforço descrito até agora precisa de uma chave final que solidificará cada etapa do processo de recuperação e que fará o indivíduo compreender e dissipar qualquer gatilho que possa desencadear uma possível nova crise.

Meditar é, sem dúvida, a chave da recuperação do indivíduo. Meditar vai colocá-lo de volta em seu eixo. Uma grande parte da recuperação do aluno estressado, depressivo ou com crise de pânico está na capacidade do professor de ensinar, e, o mais importante, está na capacidade de o aluno aprender e praticar a meditação. Cabe ao professor ensinar os diversos tipos de meditação, possibilitando ao aluno escolher método que lhe traga mais resultado e satisfação.

Meditar é o caminho seguro e autêntico para o encontro de nossas verdades e a conquista do nosso Eu interior. Alcançando essa consciência, o praticante estará muito perto de cumprir sua natureza e realizar suas metas externas.

Mas como acontece a meditação nesse nível?

Os Yoga Sutras de Patanjali, III, 1 e 2, definem *Dhyana* – ou o processo de meditação – como o lócus ou território em que *citta*, a mente, estabeleceu-se, por meio da fixação da atenção em determinado objeto, com convicção.

Ao contrário da confusão que algumas definições sobre meditação podem gerar, o dito "esvaziamento da mente" não ocorre a partir da tentativa e do esforço inicial de eliminar todos os pensamentos. Isso porque, ao abandonarmos um pensamento, em seguida outro surgirá. Esse é o movimento natural de uma mente ainda condicionada pelos atributos do plano existencial material. O território de *Dhyana*, contudo, situa-se no espaço vazio entre os pensamentos da mente.

Algumas pessoas já experimentaram a sensação de começarem a pensar em determinada coisa ou objeto, concentrarem profundamente sua atenção naquilo e, na sequência, ingressarem em um estágio mental "vago", em que, apesar de se saberem presentes, sentem-se desconectadas da realidade, como se a mente houvesse "desligado". Esse estado é semelhante ao que a mente alcança na meditação.

Por essa forma, a mente (*citta*) passa de um estágio de dispersão para outro de concentração ou "focada" em algo.

Contudo não basta somente focar e concentrar-se em determinado objeto do pensamento. Esse processo exige uma via de partida e uma de chegada. Parte-se da profunda concentração em algo, porém, em determinado ponto, o pensamento se "perde", tal qual o viajante que, no curso da trilha, adentra em uma espessa névoa. O ponto de chegada é o vazio. É a mente presente, mas desligada, que se diz, situa-se no coração: é a "sala púrpura da cidade de Jade, onde mora o deus da vitalidade e do vazio". Esse Deus é o "Eu interior" ou a centelha pessoal da energia primordial, que reside no território do coração, pois não está condicionado pelo intelecto, senão que decorre do estado mental suprarracional gerado a partir da vibração alcançada pelo controle dos batimentos cardíacos.

Colocar-se frente a frente com você mesmo pelo processo da meditação é um grande desafio que vale a pena encarar. Posso dizer que explorar o si-mesmo consciente e permitir que o si-mesmo inconsciente surja e dissipe as emoções e as nuvens da nossa mente são obrigações para todo o ser humano que deseja encontrar o significado da sua existência.

A ciência diz: "O inconsciente é aquilo que ainda não se tornou consciente". Pensando assim, parece-me necessário que façamos viagens ao nosso conteúdo inconsciente e tragamos de lá os nossos sonhos, aspirações, memórias e tudo que pudermos explorar para alcançar níveis mais elevados de autoconhecimento. Essas viagens podem ser feitas através dos sonhos ou da prática regular da Meditação.

Lembre-se, escolha um professor de meditação que seja de sua confiança e que possa orientar sua prática de forma adequada, sem dogmas ou restrições. Também, com quem você possa conversar sobre suas experiências sempre que quiser e com respeito ao sigilo entre cliente e terapeuta.

Meditação não deve ser pautada por crenças religiosas. É um processo de autoconhecimento e independe de dogmas. A meditação liberta, desde que seja orientada para tal.

LIVRO III

O MÉTODO: INLIFE – MÉTODO TERAPÊUTICO DE ANÁLISE INDIVIDUAL E INTERVENÇÃO AMPLA

InLIFE – Método terapêutico de análise individual e intervenção ampla

Fonte: o autor

3.1 Yoga e Ayurveda para quê? Para quem?

São, antes de tudo, processos terapêuticos de prevenção e manutenção da boa saúde física, mental e emocional. Estudos científicos reconheceram e recomendam as práticas dos ensinamentos do Yoga e do Ayurveda, e das suas terapias. Por isso não importa a qual tribo você pertença, quais suas dúvidas e anseios, o Yoga e o Ayurveda têm algo a dizer sobre sua existência!

A proposta de terapia InLIFE® foi desenvolvida por mim, professor Reneu Zonatto, durante 14 anos de estudo e trabalho com Yoga Integral e Ayurveda. Trabalho esse realizado em várias configurações:

- sala de aula no Yoga Mahadeva®, em grupos;

- aulas particulares de Yoga Integral Mahadeva®;

- atendimentos com Terapia Ayurveda;

- grupos de aulas de Yoga Integral laboral em hospitais;

- grupos de professores em escolas públicas;

- grupos de alunos em escolas públicas; e

- eventos e retiros.

Todos esses processos de ação terapêutica têm como base as filosofias do Patanjali/Yoga e os ensinamentos do *Samkya*/Ayurveda, duas fontes de conhecimento e prática terapêutica que se completam: o Yoga leva ao Ayurveda e o Ayurveda leva ao Yoga. Essas duas fontes de conhecimento são muito vastas em ensinamentos e nos mostram com clareza os caminhos que levam ao autoconhecimento e, por consequência, a uma existência plena.

Descreverei a seguir os parâmetros da metodologia do processo terapêutico InLIFE®, realizado no Yoga Mahadeva®.

3.2 Samkyia – Ayurveda

O *Samkhya* é um modelo filosófico indiano que foi desenvolvido concomitantemente no Yoga. Enquanto o Yoga mostra um caminho de autorrealização por meio da prática de exercícios físicos, técnicas respiratórias, *kryias*,[20] relaxamento, mantras e meditação, que são os pilares de uma boa prática de Yoga, o *Samkhya* mostra um modelo de compreensão daquilo que chamamos de vida.

Esse modelo é chamado de enumeração: a descrição das etapas ou fases da vida do ser manifestado. Pode-se dizer que o *Samkhya* pode ser interpretado de duas maneiras que se complementam:

---

[20] Práticas de limpeza para eliminar resíduos do corpo.

- o conhecimento revelado – orgânico;

- o conhecimento experimentado – inorgânico.

Esse modelo de pensamento é muito lógico e de fácil entendimento, uma vez que a vida não é pensada de forma fragmentada, mas de uma forma única, em que todas as fases são interligadas, interpenetram-se e influenciam-se mutuamente.

Também pode ser pensado como uma filosofia/método naturalista de desenvolvimento humano nesse planeta, pois tem todos os seus fundamentos nas leis da natureza. O pensar e ensinar do *Samkhya* devem ser relacionados com os princípios que regem todas as formas de vida desse planeta. Por exemplo, entendemos que os cinco elementos estão presentes no corpo humano. Seguindo essa lógica, o ser humano deve se apropriar do conhecimento que trata da movimentação, impulso e forma em que os cinco elementos fluem pelo nosso planeta.

3.3 O conhecimento revelado

No pensamento do *Samkhya* há uma energia, o ser UM, sem tempo, sem forma, não dual, absoluto. Para que haja a experiência da multiplicidade do Universo, esse Um precisa tornar-se dual. Desse fato surge o pensamento dual do *Samkhya*, para que haja a experiência.

Menciono conhecimento revelado, pois se trata de uma forma de transmitir conhecimento da qual não temos como aferir localização no tempo nem origem. Esse conhecimento foi transmitido pelo método *GuruKulam* oral (de mestre para discípulo).

Sendo assim, o conhecimento revelado precisa fazer sentido para que possamos nos embasar de maneira a seguir um modelo de pensamento que não torne o processo terapêutico confuso. E o estudo do *Samkya* apresenta-se muito simples e prazeroso aos interessados, sob a forma de um pensamento lógico de existência.

Não basta somente estudar o *Samkya*, é preciso testar, praticar, experimentar os ensinamentos. Mesmo sendo um "conhecimento revelado", temos como fazer uma análise profunda, encontrar o sentido dos exemplos e aplicar no nosso dia a dia.

Não é o único jeito de pensar a vida, é um jeito de pensar a vida. Se formos pesquisar mais, encontraremos muitos outros jeitos de pensar a vida, por isso que me refiro com sendo "conhecimento revelado", você pode aderir a esse pensamento ou não.

Na história de humanidade encontramos muitas crenças e direções que podemos conhecer e até seguir sem ter como comprovar suas "leis". Quando eu tinha 10 anos, fiz dois anos de catequese (ensinamentos cristãos) para poder participar da Eucaristia na igreja. Todo um ritual que era exigido dos meninos e meninas. No dia da participação do evento me disseram que eu não deveria morder a hóstia, pois seria pecado. Com o passar do tempo, a curiosidade fez-me morder a hóstia e, para minha surpresa, nada aconteceu...

Os símbolos e as crenças que o homem criou têm sua utilidade e significado em momentos específicos e podem perder ou mudar seu significado e utilidade ou importância dependendo de cada um. Por isso, refiro-me como "conhecimento revelado". Existem muitos modos de conhecimento e de crenças, e cada pessoa deve definir e discernir qual será seu caminho.

3.4 Conhecimento experimentado

Ayurveda significa "conhecimento da vida". A partir do momento que acontece a fecundação o processo de experimentação começa. É quando a força da *Prakruti*/natureza se manifesta e dá-se início à criação do indivíduo no ventre da mãe. Esse processo é cíclico, dois indivíduos de sexos diferentes produzem um indivíduo que deve ser melhor do que os dois genitores; é o refinamento da espécie. Segundo o Ayurveda, o processo de digestão nos tecidos humanos deve produzir o tecido mais puro possível, que, junto com o tecido mais puro possível do sexo oposto, deve trazer um novo ser mais refinado.

Essa parte do conhecimento enumera as etapas de formação e funcionamento do corpo humano e todas as suas funções e finalidades. Lembrando-se de que o todo é sempre influenciado pelas partes e as partes são influenciadas pelo todo, então, devemos entender esse movimento para manter a harmonia.

Nesse processo, temos que identificar tudo o que se passa no corpo do indivíduo. E o indivíduo deve aprender suas características físicas e seu funcionamento para que possa adotar uma filosofia de vida que seja compatível com sua natureza, possibilitando-lhe ser pleno em sua existência.

Quero dizer com isso que, dependendo da natureza que o indivíduo apresenta, existem atitudes que já foram experimentadas e que podem trazer prejuízo àquela pessoa. Por exemplo: se a natureza do indivíduo for predominantemente seca, você não pode colocá-la ao vento por muito tempo; sua secura vai aumentar e irá ter algum tipo de sofrimento. Talvez não seja tão fácil de entender somente por essa frase, deve-se fazer a experiência.

O processo de análise individual é baseado nos parâmetros de observação do Ayurveda. O indivíduo deve ser acompanhado por um período mínimo de quatro estações, pois em quatro estações o indivíduo completará um ciclo inteiro e será possível observar o seu comportamento físico, mental e emocional, o que determinará uma proposta de filosofia de vida que levará em conta sua natureza manifestada.

A proposta do InLIFE® é um convite ao indivíduo para mergulhar no estudo e reflexão sobre seu corpo, sua mente, suas emoções, suas vontades, seus sentimentos, seus desejos, seus prazeres, suas frustrações, suas tristezas, suas alegrias, sua relação consigo mesmo e sua relação com o mundo, em seus diversos sistemas de comunicação e influência. A cada momento de estudo, o terapeuta propõe a reflexão desprovida de juízo de valor, vista de diversos pontos de análise. O indivíduo deve aprender que suas alegrias e tristezas são frutos de um mesmo fluxo de energia em estado de experimentação, e que suas escolhas e intenções darão a direção do resultado.

3.5 Anamnese Ayurveda InLIFE®

O primeiro passo do processo de Terapia Ayurveda InLIFE® é a anamnese detalhada, que não deve ser apressada na sua execução. O ponto de partida fundamental é que se estabeleça uma relação de confiança e respeito entre o cliente e o seu terapeuta. O terapeuta é um ser que vai buscar remover as nuvens diante dos olhos e da mente do cliente, elementos que ofuscam sua real visão e discernimento acerca da própria vida.

Importante que se forme esse vínculo de reciprocidade e respeito para que o processo terapêutico tenha êxito. Deve-se ter consciência de que haverá uma troca e uma oferta de energia potencial, o cliente estará oferecendo sua energia pelo seu relato e busca de mudança, e o terapeuta estará recebendo esse potencial e oferecendo possíveis direções para essa energia.

Respeito e confiança mútuos são de vital importância. Se um dos integrantes da dupla não estiver sentindo-se pleno nesse processo, a prática deve ser revista ou até mesmo cancelada. Tanto o cliente quanto o terapeuta estão em estado de evolução e autoconhecimento e se o processo terapêutico não estiver fluindo adequadamente, melhor buscar outro terapeuta.

No estudo e aplicação das terapias da Psicologia são mencionados os eventos da transferência e contratransferência, que podem ocorrer num processo terapêutico entre a dupla ou o grupo de terapia. Esse evento é mencionado por alguns como positivo ao processo terapêutico e, por outros, como negativo ao processo terapêutico. É um ponto delicado e que deve ser observado com atenção, pois ocorre, muitas vezes, sem nos darmos conta. Cabe ao terapeuta, que se supõe estar no controle da situação, ter o discernimento e a honestidade de observar se a transferência ou contratransferência está acontecendo e tomar as devidas atitudes para manter a harmonia do processo terapêutico.

Ser ético é uma obrigação do ser humano no caminho do autoconhecimento.

3.6 Plano de Terapia Ayurveda InLIFE®

Uma vez estudadas as informações obtidas na anamnese, o terapeuta apresenta a proposta de ação terapêutica. Essa proposta de terapia deve ser discutida com o cliente para que possa ter êxito. Digo isso, porque é muito comum o terapeuta apresentar uma proposta de ação que o cliente acaba por não realizar em razão de estar em desacordo com sua condição de vida.

Esse é o ponto de convergência que sempre busquei durante todos os processos terapêuticos que orientei nos últimos dez anos de atividade profissional. Não adianta impor ao cliente algo que esteja fora do alcance dele ou do seu contexto existencial. Não vai funcionar.

Exemplo:

Certa vez, recebi uma cliente muito interessada, com grande vontade de ter uma vida saudável e plena. Realizamos a anamnese e marquei para a semana seguinte o encontro para apresentação da proposta terapêutica. Na hora de marcar, eis que a cliente já avisou: "Só não pede para eu acordar cedo, antes das 11h da manhã, pois isso não vai rolar!".

Minha proposta terapêutica se desfez nesse momento, pois uma barreira estava posta. Você pode deduzir que a relação terapêutica, obviamente, não prosperou. Seria um erro seguir, pelo menos naquele momento. A cliente não estava disposta a fazer qualquer concessão para o seu próprio benefício.

Isso é muito comum. As pessoas almejam mudança, mas querem continuar fazendo igual. Não é assim que funciona.

Se a cabeça dói e você quer mudar isso, é preciso aprender por que ela dói. E a explicação está contida na existência de cada um.

3.7 Foco e disciplina

Na filosofia do Yoga, encontramos, dentro dos princípios éticos, a palavra *Tapas*, que significa esforço, dedicação, ascese.

Isto é, quanto você é capaz de dedicar-se a um objetivo. Esse é um princípio decisivo no processo terapêutico do Ayurveda InLIFE®. A capacidade de manter o foco no objetivo. Não precisa se distanciar do convívio social, tornando-se aborrecido e impertinente, mas deve, sim, manter atitude interna, pois é ela que faz toda a diferença no processo de autoconhecimento e recuperação.

Lembrando-se do item anterior: o plano terapêutico deve ser adequado à realidade do cliente, senão a tarefa de manter o foco e a disciplina vai ser mais difícil. Não duvide disso.

O plano terapêutico deve ser aceito e entendido pelo cliente antes de ser definido para ação, sob pena de fracassar rapidamente.

Recebi uma cliente que queria melhorar a sua filosofia alimentar. Ela já havia buscado orientação de uma profissional da nutrição. Queixava-se que não estava conseguindo resultados. Pedi que, se assim concordasse, que me levasse a proposta de nutrição que ela havia recebido. E ficou claro o porquê de sua insatisfação: estava totalmente fora da sua realidade e contexto existencial.

A proposta de reeducação alimentar estava muito bem elaborada para um atleta que dispunha de tempo para preparo do cardápio. Não para ela, que tinha uma vida profissional atarefada, além da família, com filho. Ela não conseguia realizar o que estava proposto.

Esse é um exemplo claro. Por mais que aquela pessoa quisesse manter a disciplina e o foco no processo de recuperação do bem-estar, este se tornou um fardo e, obviamente, levou à desistência.

É simples: se você pode se exercitar três vezes por semana com tranquilidade, faça-o assim, e, quando puder, organize-se para todos os outros dias com maior tranquilidade. Encher o dia com atividades sucessivas não me parece uma decisão acertada, pois é certo que o estresse e a agitação surgirão. É preciso ter tempo entre uma atividade e outra, respirar devagar, poder olhar para céu, olhar para uma flor, molhar o rosto, ouvir o que o seu corpo está dizendo. E, principalmente, cuidar de si preservando sua saúde e qualidade de vida, pois tratar de uma possível doença é bem pior.

3.8 Resiliência

Resiliência é a capacidade do indivíduo de adequar-se, adaptar-se a mudanças, a situações adversas, traumáticas etc. Em termos terapêuticos InLIFE®, podemos falar em Yoga – capacidade de fluir –, que nos ensina a compreender os movimentos da vida, os fluxos dos nossos sentimentos, as forças movidas pelas nossas emoções.

O Yoga Mahadeva® sempre ensinou que o indivíduo deve compreender sua vida e evoluir dentro daquilo que sua natureza individual manifesta. Ensina que somos uma experiência orgânica e inorgânica num espaço de tempo, que findará seu ciclo para que outro ciclo possa se iniciar. Esse é o ponto de partida para o pensamento sugerido pelo Ayurveda InLIFE®. Uma vez iniciado o ciclo da nossa existência individual neste planeta, devemos compreender que ele findará.

O ser humano tem, por natureza, capacidade de adaptação. Pode assimilar novos idiomas, novas profissões, novas características culturais; pode adaptar-se a uma alimentação diferente, a um clima diferente. Ficar preso a uma circunstância de vida infeliz não é uma atitude sábia tendo em vista as variadas competências do Ser. Esse é mais um ponto importante do processo terapêutico InLIFE®. Tornando consciente o significado temporal da sua vida, devemos ter presente que as escolhas de caminhos devem ser melhoradas.

O medo de mudanças é sempre um obstáculo para nossa evolução e avanço. Talvez por questões familiares, culturais, emocionais, traumas, ignorância, apego e por muitos outros possíveis motivos deixamos de ter uma vida feliz, com horizontes amplos nos convidando para uma caminhada desafiadora e repleta de experiências fantásticas. Na Terapia Ayurveda InLIFE®, iremos discutir esse ponto com muita atenção. A experiência de vida mostra que mudanças são necessárias, porque tudo que estagna, decai.

3.9 O *Dharma* e o método

O Yoga Mahadeva® sempre lembra seus alunos do significado do *Dharma* em nossa vida. *Dharma* pode ser traduzido como caminho, fluxo de consciência, potencial de vida etc. O processo terapêutico do InLIFE® propõe que o indivíduo pense em seu *Dharma* constantemente, pois não é possível ter uma vida plena distante ou desconectado do seu propósito.

Viver de acordo com seu *Dharma* é uma grande recompensa. Fazer o que se gosta é o exemplo da manifestação do seu *Dharma*; quando você vive com energia, força, prazer e motivação, é porque seu *Dharma* está presente. Não é difícil perceber se você está vivendo seu *Dharma*. É só pensar um pouco. O que estaria fazendo agora se pudesse escolher?

> *"Eu, por exemplo, estou aqui, no meu pequeno jardim, escrevendo este livro. E estou realizado fazendo isso. Eu não sinto vontade de estar em outro lugar agora".*

Não importa qual for a sua atividade, se está percebendo que está totalmente presente de corpo, sentimento e pensamento no que está realizando, seu *Dharma* está presente. Nossa natureza individual se confunde com nosso *Dharma*. Todos nós temos anseios, vontades, desejos e objetivos que são só nossos, aquilo que pensamos quando estamos sós, aquilo que nos faz ficar com o coração leve e nossos pensamentos harmoniosos.

Viver de acordo com o *Dharma* nos faz dormir bem e acordar feliz. Mas é sábio lembrar que isso também é uma escolha. Não basta pensar e desejar, é preciso escolher o caminho e trilhar. A Terapia Ayurveda InLIFE® fixa seu pensamento nas questões referentes ao *Dharma*, para que o indivíduo descubra seu caminho e realize sua essência. A experiência parece longa, mas não é. É curta demais para desperdiçar com frustrações e sofrimentos. E *Dharma* é uma referência interna, nunca externa, é profundo em nosso coração e mente. Suas raízes encontram correspondência na atividade das nossas glândulas suprarrenais: se você vive longe de seu *Dharma* sua energia vital é drenada mais rapidamente e você adoece mais depressa.

3.10 Intervenção ampla e filosofia de vida

O propósito da Terapia Ayurveda InLIFE® é mostrar que o indivíduo tem escolhas e que não estar pleno e feliz é uma situação que pode mudar. Não quer dizer que estaremos extirpando da nossa vida todos os momentos de tristeza e ausência de plenitude, mas que devemos saber o que fazer quando isso acontece.

O conhecimento dos princípios do potencial humano nos mostra que temos quatro grandes potenciais:

Fonte: O autor

a. **A escolha do caminho:** o primeiro passo é o autoconhecimento. Somente podemos reconhecer nosso projeto existencial se conhecemos a nós mesmos. *"Decifra-me ou devoro-te"*, dizia a esfinge como representação da condição humana limitada ao próprio tempo. A busca de autoconhecimento não prescinde, por sua vez, das observâncias e posturas de purificação do Ser (*Yamas* e *Nyamas*), do reconhecimento da nossa constituição singular neste plano de existência e das técnicas do Yoga que asseguram os resultados da meditação.

A partir do autoconhecimento temos que escolher nosso caminho, encontrar nossa direção, o que queremos desempenhar durante nossa vida, qual propósito se deseja adotar para nossa experiência nesta vida.

b. **Os frutos do caminho:** uma vez escolhido o caminho, ele trará a riqueza correspondente. É importante tomar consciência disso: a riqueza é correlata ao caminho escolhido. E deve ser merecida nem mais nem menos. Tudo como no ditado antigo:

> *"Se você escolheu plantar maçã, lembre-se que irá colher maçãs!".*

c. **O deleite do caminho:** o potencial a seguir decorre dos anteriores. O caminho trilhado produzirá uma determinada riqueza, que resultará no prazer proporcional a ela. Se foram plantadas maçãs no curso do seu caminho, terá o prazer de saboreá-las. E o mais importante, esse ciclo tem fim. Essa tríade se aplica a qualquer escolha de filosofia de vida: um caminho, que gera um produto, que gera um deleite. E, assim, ciclo após outro, até levar-nos à liberação.

Todo Ser tem sua aurora e seu crepúsculo. Entender o ciclo de nossas vidas é definitivo para escolha da nossa filosofia de vida.

No desenvolvimento pessoal e avanço da profundidade no autoconhecimento, tornam-se claros ao menos três modos de filosofias de vida. Esses modos são originados pelas qualidades mentais que cada indivíduo apresenta; na filosofia do *Samkhya* são: os *gunas* mentais.[21]

Guna Sattwa é aquele que tem como característica a filosofia de vida mais voltada para o vento/ar. Tem uma aptidão artística mais acentuada, gosta de uma vida de horizontes amplos e não aceita acomodações. Sempre criativo, busca soluções para suas fertilidades mentais. É um ser que precisa de espaço, às vezes, parece uma folha ao vento. A presença da água/mar na vida dele é muito saudável.

Guna Rajas é aquele que tem o fogo como seu perfil filosófico mais acentuado. Ele une, funde, metaboliza, transforma. É um Ser de movimento direcionado, eficaz, disciplinado, apaixonado, forte, vigoroso. Aquele que gosta de colocar as montanhas abaixo, e transpor obstáculos é sua motivação; é movido por desafios. São seres que apreciam o poder da liderança e gostam de guiar.

---

[21] Gunas mentais são as características da mente humana que permeiam toda a criação e tudo o que existe. Toda a criação tem um potencial, um movimento e uma forma.

Guna Tamas tem como perfil filosófico a segurança, o passo certo, lento e constante. São dedicados e confiáveis. Tendem a ser pilares de sustentação da família ou grupos, são executores eficazes e muito parceiros. Direcionam sua vida e não perdem o rumo. Mesmo que o caminho seja tortuoso, aguentam e seguem. Por vezes, acabam sofrendo por isso.

Esses são perfis básicos de interpretação de personalidade que mostram as tendências que cada pessoa pode seguir na vida dela. No contexto terapêutico são de fundamental importância para guiar um plano de ação e orientam o indivíduo para seu potencial de evolução mental, emocional, profissional, pessoal, alimentar, físico, afetivo, social e espiritual.

Quando percebido seu *guna* predominante, este será o guia para análise e orientação do plano de intervenção, que deve ser adequado a essas tendências e potenciais.

    d. **O ponto de chegada – a liberação:** como todo caminho tem um ponto de chegada, ainda que inserido em um sistema de natureza cíclica, da mesma forma que a disciplina e o esforço nos purificam, o deleite de uma vida bem vivida liberta-nos das frustrações e apegos que nos prendem ao plano material e tornam mais difícil a nossa existência. Recorde-se que o Ser pleno e autorrealizado não é devorado pelo tempo, nem compelido por suas ações[22].

3.11 Alimentação

A educação alimentar é um pilar que sustenta a saúde ou cria a doença. Tudo o que já foi mencionado até agora pode ser difícil de entender ou de se tornar possível sem uma educação alimentar correspondente.

---

[22] Aqui "devorado pelo tempo" pode ser interpretado como libertação daquilo que nos angustia e causa sofrimento, mazelas que se apresentam no plano material regido pelo decurso do tempo, que tudo consome e faz findar.

> *"Não quero ser mal interpretado, então destaco que a filosofia alimentar a ser adotada e orientada no InLIFE® é pessoal, voltada para as características individuais e necessidades de sua filosofia de vida. Jamais deve ser relacionada com modelos sociais, nem direcionamentos religiosos ou crenças específicas".*

O que buscamos na orientação alimentar dentro do InLIFE® é que o indivíduo possa entender quais os efeitos de cada alimento ingerido em seu contexto existencial. Isso para que saiba como pode adequar sua alimentação ao seu modelo de vida. O que o Ayurveda InLIFE® ensina é que devemos entender nosso funcionamento físico/mental/emocional para desenvolver a relação com o tipo de estrutura alimentar favorável para que possamos estar sempre no nosso melhor desempenho na tríade corpo/mente/emoções.

O perfil alimentar do indivíduo se relaciona diretamente como os perfis abordados no tópico anterior que menciona as características da natureza mental que tendem a orientar a filosofia de vida do ser humano. Observando essas características e direcionando o perfil alimentar para as necessidades de cada *guna*, o indivíduo passa a desfrutar de todo seu potencial, dormindo bem e descansando adequadamente. Os fluxos e metabolismos corporais passam a funcionar no seu máximo, trazendo vitalidade física/mental/emocional.

Se você deseja fazer alguma mudança no seu modo de vida alimentar, é importante que saiba que o corpo humano tem grande capacidade de adaptação, que algumas situações mostram resultados mais rápidos e outras situações demoram um pouco mais. O principal é que não devemos fazer mudanças radicais e muito intensas num curto espaço de tempo, lembrando sempre que cada indivíduo é único e deve ser observado como tal. O que dá certo para um pode não produzir o mesmo resultado em outros.

3.12 Filosofia da alimentação

Existem muitos estudos sobre alimentação. Para cada tipo de vida está sugerido um tipo de disciplina alimentar. A questão que quero pontuar é que nem sempre o modelo alimentar acompanha a natureza da pessoa. No modelo do Ayurveda InLIFE®, a educação alimentar é focada na junção do tipo de vida que o cliente possui e sua natureza individual. Com isso esperamos alcançar a totalidade das possibilidades.

Na prática, uma pessoa que tem uma vida acadêmica ou voltada para atividades literárias, deve ter uma alimentação adequada para tal. Levando em consideração seu tipo físico, seu humor, seus anseios, suas necessidades e possíveis desequilíbrios.

Da mesma forma, uma pessoa que leva uma vida voltada para atividades mais dinâmicas precisa de energia e agilidade.

Vou usar meu exemplo. Sou um homem de 43 anos, 1,78m e "meio pesado" (rsrsrsr). Tenho minhas atividades, que se misturam entre dar aulas de Yoga Integral Mahadeva, consultas, que são demoradas, e sessões terapêuticas. Pratico natação, vou à faculdade, algumas atividades domésticas, acompanho meu filho, minha esposa... É uma vida bem cheia de atividades. Adicione a isso a vida urbana, com todos os seus pormenores. Eu acordo todo dia às 6h20.

Eu preciso pensar muito bem minha filosofia alimentar para poder estar sempre pleno e disposto para viver e realizar meu dia a dia a contento.

Pensando a alimentação de acordo com meu exemplo: note que o dia tem muitas atividades, eu sou um homem grande e preciso me movimentar muito e manter a atenção. Não tenho nenhum esforço extremo que me exija grande potência muscular, mas preciso estar flexível e leve, com certa energia. Considerando esses aspectos, ainda peço que recordem do tema descrito anteriormente, mencionando sobre os *gunas* mentais. Meu *guna* mental predominante, que se reforça pelo meu também dominante *dosha*,[23] *Pitta*,[24] torna-me uma

---

[23] *Dosha* significa tendência de humor corporal relacionada à estruturação de elementos que formaram o corpo do indivíduo. *Dosha* também quer dizer a forma como nos comportamos mental/física e emocionalmente.

[24] *Pitta* é um dos *doshas*, é formado pelos elementos fogo e água. É muito quente e apaixonado, mas também raivoso e competitivo.

pessoa de características relacionadas com o elemento fogo. Tenho um grande apetite e posso comer muito, mas, se eu fizer isso, torno-me pesado, lento, superaquecido, irritadiço, dolorido, sonolento e com sensação de estufamento abdominal; enfim, meu dia será muito sofrido e minha noite cheia de pesadelos.

Nessas condições, minha alimentação precisa ser de vegetais crus ou pouco cozidos, dependendo do vegetal. Cenoura, por exemplo, deve ser cozida. Outros vegetais não me são muito indicados, como cebola e alho. Cereais são sempre bem-vindos, entretanto em pouca quantidade e com alguma fruta que tenha muito suco (manga, por exemplo). Sucos de frutas cítricas pela manhã e frutas mais doces à tarde. Arroz me faz bem, mas em pouca quantidade; e se for na forma de risoto, melhor. Batatas não são bem aceitas pelo meu organismo, então, eu as evito. Massas eu devo ingerir com parcimônia, evitando molhos com queijo e derivados de leite. Molhos de vegetais e ervas são sempre bem-vindos. Quanto às carnes, frutos do mar me são permitidos sem exageros, com preferência para peixes de água doces; carnes vermelhas uma vez por semana e no almoço, frango sem problemas.

As amêndoas são bem-vindas pela manhã e em pouca quantidade, por mais que eu as aprecie muito.

Devido à minha rotina, procuro distribuir esses alimentos em quatro refeições, de porções pequenas, durante o dia, de forma que eu possa estar bem alimentado, ter um processo digestivo adequado e estar leve e disposto. Importante que se fique atento ao processo digestivo, não sobrepondo uma refeição à outra. Uma digestão deve estar concluída antes de se iniciar outra.

Atenção, esse exemplo é adequado ao meu organismo, não serve como modelo a ser copiado, longe disso. Cada pessoa tem suas particularidades e precisa aprender sobre si mesma. Os movimentos corporais influenciados pela alimentação devem ser aprendidos para que o indivíduo possa estar sempre consciente do que lhe faz bem e do que não lhe faz bem.

Na orientação alimentar do Ayurveda InLIFE® não há um alimento proibido ou uma postura de radicalismo que imponha a renúncia disso ou daquilo. O objetivo é que a pessoa aprenda sobre si e como obter o melhor de seu potencial físico/mental/emocional.

Um dos sinais mais claros de que o seu modo alimentar está inadequado ao seu organismo é a pressão corporal; não somente sanguínea, mas a sensação de estar inchado, pulsante, com dores de cabeça fáceis, sentir que o tronco está inflamado, com pouco movimento. Quando você abaixa a cabeça e quando levanta sente tontura. Alimentação inapropriada leva à intoxicação dos órgãos que fazem o metabolismo e a limpeza do nosso organismo.

À noite, por exemplo, tudo o que foi ingerido/absorvido pelo nosso organismo durante o dia é metabolizado, sendo produzidos detritos que devem ser recolhidos e expelidos logo cedo pela manhã. Esse é o movimento natural do nosso corpo. Contudo se os sintomas desagradáveis citados forem sentidos, é sinal de que esse movimento não está acontecendo de forma correta. Metaforicamente, repito o exemplo da louça do jantar que é colocada na pia e deixa-se para lavar na manhã seguinte.

Alguns alunos meus sempre me provocam quando eu uso essa metáfora. Desafiam-me se eu sempre deixo minha louça limpa. Sim, eu sempre deixo limpa. Pense um pouco: como você se sente quando acorda pela manhã e vai até sua cozinha para seu desjejum e encontra toda a louça do jantar ali, suja? Não quero polemizar, cada um faz o que bem entende da sua vida, mas, para aquele que me procura a fim de obter orientações sobre saúde e qualidade de vida, eu vou, sim, abordar esse assunto. Pense sinceramente sobre isso. O seu organismo é uma perfeita máquina biológica que precisa da sua atenção para que a manutenção aconteça de forma correta.

Ainda, no que refiro ao processo de "limpeza" que pulmões, rins, fígado, intestino e demais órgãos do nosso corpo realizam durante a noite, quero lembrar que, para que o processo de "limpeza" e desintoxicação seja realizado a contento e você acorde pela manhã bem disposto e revigorado, é preciso que ofereçamos essas condições para nosso organismo.

Uma noite mal dormida é um empecilho para nosso corpo realizar a desintoxicação de tudo o que foi absorvido/ingerido durante o dia. Veja:

> Hora de acordar: a que horas você pode acordar? Ou costuma acordar? E a que horas você vai dormir?

São perguntas simples, mas que fazem muita diferença na nossa vida. Lembrando-se de que cada pessoa é um Ser único e tem sua condição de vida. Esse modelo que estou usando é para que você possa começar a pensar na vida que você leva. Por mais que algumas pessoas possam discutir e até discordar do que vou dizer agora, eu insisto:

> *"O dia foi feito para o ser humano ficar acordado e a noite foi feita para o ser humano dormir".*

Mas, é claro, que alguém ou até mesmo você que está lendo esse livro pode vai dizer:

> *"Ah, mas eu funciono bem melhor à tarde e à noite. De manhã eu sou muito lerdo!".*

Permita-me discordar! Os *Vaidyas*[25] costumam dizer diante desse tipo de afirmação:

> *"Isso é um falso conhecimento."*

Ou seja, por motivos que não me cabem descrever aqui, agora, o indivíduo acredita que seu organismo está alheio às forças da natureza e que pode resistir assim.

3.13 A psicologia do Ayurveda InLIFE®

A filosofia indiana é muito extensa e possui uma quantidade de escritos muito vasta. As bases que uso para meu método de trabalho, Ayurveda InLIFE®, são do Yoga e do Ayurveda. Nesses dois

---

[25] Médicos ayurvédicos indianos, que atuam nos grandes hospitais de Ayurveda na Índia e que viajam pelo mundo ensinando os conhecimentos do Ayurveda.

grandes conteúdos filosóficos e práticos encontrei ensinamentos para a orientação das questões que envolvem a psicologia ayurvédica e do yoga. Se você começar estudando o Yoga, ele o levará ao Ayurveda e vice-versa. São filosofias que se completam.

Enquanto o Yoga mostra o conhecimento para você cuidar do seu corpo através da prática de exercícios e técnicas de purificação, o Ayurveda ensina o significado da criação, o que você precisa para construir um corpo saudável, uma mente equilibrada, e compreender seus fluxos emocionais. Na medida em que o Yoga ensina como você pode unir a dimensão física com a mental e a dimensão espiritual, o Ayurveda ensina como manter essa conexão entre as forças que movimentam sua vida como um todo.

Os propósitos de vida, as questões emocionais que hoje são fonte de tantas dúvidas por parte da população em geral, encontram nesses conhecimentos as diretrizes comportamentais e orientações históricas e filosóficas que ajudam o indivíduo a encontrar seu caminho de realizações e vida plena. Ensinamentos esses que não estão escondidos, mas foram esquecidos pelo homem. Esquecemo-nos de cultivar a ética no trato com o mundo que nos cerca e também com nós mesmos.

A proposta do Ayurveda InLIFE®, no que diz respeito à psicologia InLIFE®, é um estudo profundo sobre o "Si Mesmo" e sobre sua relação com o mundo, objetivando descortinar a vida e acessar o que ela realmente é. Se você está triste, entender por que você se deixou entristecer. Se você está com raiva, entender por que você aceita estar raivoso. Se você se encontra magoado ou decepcionado, entender por que você assumiu essa condição. Perceba que eu sempre coloquei VOCÊ como causa e consequência, não outro.

Na metodologia do Ayurveda InLIFE®, um princípio fundamental é que não podemos delegar ou responsabilizar outras pessoas pelas nossas alegrias ou pelos nossos infortúnios. Por mais que pareça duro esse ensinamento, ele é real. O "mal" que nos alcança ocorreu com nossa permissão, em algum momento. Não é azar, destino nem coincidência. Sua atitude mental, decisões e escolhas levam a um determinado resultado. Tudo depende da sua organização mental e emocional.

Às vezes, ouço: *"Falar é fácil professor, mas a realidade é complicada"*. Sim, não discordo que existem coisas complicadas e que atormentam a vida de muita gente. Mas será que esse tormento é necessário? Ou será que, talvez, você pudesse ampliar os seus horizontes. Já são 10 anos de estudo e aplicação desse modelo terapêutico. Já nem posso lembrar quantos clientes chegaram aflitos ao Yoga Mahadeva, com grandes dilemas existenciais, e todos eles encontraram soluções para sua vida quando resolveram melhorar seu nível de autoconhecimento.

Uma coisa eu gostaria de deixar bem claro: NÃO existe fórmula mágica e nem solução relâmpago para todas as questões que envolvem a vida humana e todas as suas contingências. É um exercício de disciplina e determinação. Deve-se compreender a natureza própria de cada indivíduo inserido no mundo e dissipar a névoa que ofusca os seus sentidos. Sem julgamentos de valor, o grande teatro da existência é uma aventura fantástica, e cada ser humano tem sempre a escolha de ser o grande personagem de sua existência ou um mero espectador.

3.14 Tempo

O tempo é, hoje, o grande desafio do ser humano moderno. Ele precisa de mais tempo. O dia deveria ter umas 32 horas. Talvez, assim desse para fazer tudo o que o dia exige, ou o que o dia ilusório exige. Em meu consultório estou acostumado a ouvir que as pessoas estão sem tempo, que estão sempre atrasadas. Eu já cheguei ao absurdo de ajustar horários de aulas de Yoga Integral e Meditação para que as pessoas pudessem praticar. Mesmo assim não adiantou, não importa o horário que eu der a aula, as pessoas irão chegar atrasadas e precisarão sair correndo. Isso não tem nada a ver com os ensinamentos do Yoga. Qual seria o sentido dessa loucura?

As pessoas tornaram-se especialistas em oferecer justificativas para sua falta de tempo. Pergunte-se a si mesmo se seu tempo está sendo usado/organizado de forma adequada, ou sua vida está inundada de tantas coisas irrelevantes que você nem percebe que está sendo engolido pelo seu próprio descaso e alienação. Veja, o ser humano é um evento circunstancial situado num espaço de tempo que findará. Dito isso, pense um pouco: o que você faz com o seu quinhão de tempo?

Suas escolhas em relação ao descanso, à alimentação, ao trabalho, ao lazer interferem diretamente no uso do seu tempo e definem sua qualidade de vida. Um exemplo bem simples: se você se alimenta mal, seu corpo gasta mais tempo para descansar e se desintoxicar. Consequentemente, sua energia será menor, o que resulta em menos eficiência nas suas tarefas. Ficou claro, não é? Se você trabalha demais, demora mais tempo para descansar e seu nível de competência e precisão fica comprometido, podendo conduzi-lo a erros com mais frequência. Com esses exemplos me refiro somente às consequências práticas.

Vamos às consequências psicológicas e emocionais. Duas em especial: ansiedade e frustração.

Existem três tempos verbais principais: passado, presente e futuro. O que desejo chamar a atenção é para aquilo que vivencio todos os dias no meu consultório: as frustrações do passado e as ansiedades pelo futuro.

Tenha em mente que o que passou não pode ser alterado. É história, feliz ou não. A única utilidade do passado é transformar a experiência em conhecimento e, daí, alcançar sabedoria. Só isso. O restante, se constantemente revisitado, trará melancolia, estagnação e frustração.

Por outro lado, tem-se a expectativa do futuro. O que será que vai acontecer? Lembre-se: a única certeza da humanidade até então é a finitude do Ser. Tão certo quanto um dia de sol termina e começa uma noite enluarada, ou um dia de chuva antecede a um dia de sol, um momento de alegria antecede a um momento de tristeza e depois do frio vem o calor. Imagine que você organizou uma grande comemoração numa bela praia e no dia chove muito. O que você pode fazer a respeito? Nada! O futuro não pode ser determinado, mostrando-se irrelevante temê-lo ou desejá-lo. A incapacidade de aceitação desse fato traz como resultado a ansiedade.

Para todos os acontecimentos, passados ou ainda por vir não há razão para perda de tempo. Você pode fazer um planejamento: profissional, pessoal, afetivo, férias etc. Mas o fato de terem sido feitos planos não é garantia de certeza, tampouco de sucesso. Podem surgir circunstâncias que afetem o resultado dos seus planos. É preciso estar consciente disso. Então, você deve estar pensando:

"Tá bom, eu sei disso!".

Se você sabe, por que ainda tem dificuldades e se aborrece quando algo não sai do jeito que você esperava?

Quero chamar a sua atenção para isso. É definitivo, na empreitada do autoconhecimento. Você precisa estar consciente do seu momento de tempo e só existe um que está totalmente ao seu alcance: o presente.

Sim, outra vez, alguém está escrevendo sobre a importância do presente. É isso mesmo e insisto, porque vejo ao meu redor pessoas desconectadas com seu presente todo o tempo! Pessoas que olham, mas não veem; pessoas que escutam, mas não ouvem; pessoas que não sabem o que falam e não entendem o que sentem. Tenho a sensação de que seus corpos passaram a funcionar paralelamente à sua consciência.

Certamente, você já deve ter ouvido falar do personagem Sherlock Holmes. O que o tornava tão eficiente? Sua capacidade de ver todos os detalhes e sua incrível capacidade de análise. Isso só era possível porque ele se conectava com o momento presente e podia absorver todos os sinais que permitiam a fundamentação de suas teses. Parece um exemplo simples, mas contém o ensinamento da importância de estar vivendo e pensando no momento presente.

Fato interessante a destacar, se você já passou por isso ou conhece alguém que tenha passado: pessoas que viveram grande dificuldade, física (doença) ou emocional (perda) e conseguiram se estabilizar depois. Essas pessoas passaram a querer viver o presente. Prestam mais atenção às coisas e ao que acontece no seu dia. Consideram que agora a vida parece ter significado e deve receber atenção adequada.

Nos ensinamentos do Ayurveda diz-se que: "A doença cura", faz com que o indivíduo se volte para dentro de si e passe a valorizar mais o tempo que lhe resta. Eu penso que já se vão muito anos – e, por que não dizer, muitas vidas – que ensinaram que se deve olhar mais atentamente para dentro de si, sentir e ouvir o que seu íntimo ser físico/mental e emocional tem a lhe dizer para que se possa desfrutar desse espaço de tempo de forma plena.

3.15 Configuração do Ayurveda InLIFE®

O Ayurveda InLIFE® é ensinado na seguinte configuração:

1. Compreensão do *Sanathan Dharma*.

    Existem conhecimentos ancestrais que norteiam o ser humano.

2. Entendimento dos *Purushartas*, o potencial humano.

    Uma vez nascido, o ser humano tem seu potencial, que deve ser aprendido.

3. Dhármico – O que é de natureza eterna.

    O que é dhármico é seu e já está lá, você não vai mudar isso.

4. Kármico – O que é de natureza causal.

    As intenções e escolhas que definem seu caminho.

5. Yamas – A comunicação com o mundo.

    Você deve aprender a fluir, assim como água.

6. *Nyamas* – A comunicação com si mesmo.
   Você deve se conhecer profundamente.
7. *Samkyia* – Consciência e interação com a natureza dual.
   Assim como existe a matéria, existe algo que a move.
8. Ayurveda – O conhecimento da vida.
   O seu corpo, a sua mente e as suas emoções devem ser aprendidas.
9. Gunas Mentais – As qualidades da mente.
   Em tudo o que existe encontramos uma força, um movimento e uma forma.

   Yoga – A vida em harmonia.

As atitudes, os pensamentos, as ações, as intenções, necessitam de um ponto de convergência: o Yoga.

CONCLUSÃO

AFORISMOS PARA UMA VIDA EM HARMONIA

I. Se, como vimos, o processo de densificação da matéria, segundo o Ayurveda, torna cada ser único para o universo:

O verdadeiro poder está em saber-se um ser único e com a sua singularidade acrescentar mais possibilidades ao mundo. Reconhecer a nossa singularidade é ter o poder de fazer a diferença. Por isso, não faz sentido querer ser ou ter o que os outros são e têm. Cultue a sua singularidade e mostre o que você tem a oferecer ao mundo.

II. Se tudo que existe é finito e transitório:

A finitude é o ponto inevitável da existência, pois tudo que existe um dia decairá dada a qualidade ou propriedade densa da matéria. E o movimento é fonte de vida e equilíbrio. Por isso, quanto mais denso ou estagnado, mais iminente a decadência. Como toda existência é pautada pela dualidade, o contraponto da transitoriedade é o movimento que sustenta a vida. O movimento traz o equilíbrio. E, na harmonia das forças, situa-se a inesgotável fonte da vida. Entre neste fluxo e siga o movimento. Flua como a água!

III. Se a existência pode ser simbolizada como as tramas de um tecido em que cada ação gera uma consequência e o efeito gerado faz parte de um todo maior em constante movimento:

Existirá um ponto de equilíbrio entre as causas e consequências de cada ação e reação, de modo que a existência siga em contínuo movimento. Movimento é vida e *Dharma* é a lei universal que conduz à harmonia ou ao equilíbrio das forças coexistentes e contrapostas em um mesmo sistema, em constante movimento.

IV. Se a agitação da mente e os impulsos descontrolados dispersam nossa energia psíquica:

Adote uma postura neutra frente ao mundo. O dever desconectado do *Dharma*, a ira, a paixão e o medo são gigantes que desestabilizam e escravizam o Ser. Condicionam seus sentimentos e ações. Então, acalme a mente para "estar no mundo sem estar mundo", cultivando sua energia para seguir o curso da senda da autorrealização. Viva em permanente êxtase, minimizando os efeitos do tempo e da condição humana em que nos inserimos. Recorde-se do ensinamento de que aquele que adota a neutralidade no ser e no agir, desenvolvendo a percepção que, preservando a real essência do Ser, consegue fundir sujeito e objeto, não é devorado pelo tempo e sofre menos os efeitos das energias que transitam neste plano existencial.

V. Se somos energia em experimentação, manifestados neste plano existencial em um evento de tempo/espaço, e ao Uno retornaremos:

O êxtase não está no ponto de chegada ou resultado final da sua existência, mas na forma como trilha seu caminho.

Então, viva em harmonia!

REFERÊNCIAS

FEUERSTEIN, George. *A tradição do yoga:* história, literatura, filosofia e prática. São Paulo: Editora Pensamento, 1998.

FEUERSTEIN, George. *Enciclopédia de yoga da Pensamento.* São Paulo: Editora Pensamento, 2005.

GOLEMAN, Daniel. *Inteligência emocional.* Rio de Janeiro: Editora Objetiva, 1995.

JUNG, C. G.; WILHELM, R. *O segredo da flor de ouro.* Tradução de Dora Ferreira da Silva e Maria Luíza Appy. 12. ed. Petrópolis: Vozes, 2007.

PATANJALI. *Os Yoga Sutras de Patanjali.* São Paulo: Mantra Editora, 2015.

RAM, Dass. *Caminhos para Deus:* ensinamentos do Bhagavad Gita. Tradução de Ângela Machado. Revisão técnica de Álvaro Opperman. Rio de Janeiro: Nova Era, 2007.